Para Athlete

パラアスリート

山田清機
Seiki Yamada

PHP

パラアスリート

パラアスリート　目次

※本文中（プロフィール以外）の年齢、所属、記録などは取材時点のものです。

ブックデザイン　トサカデザイン（戸倉 巌、小酒保子）
写真　尾関裕士
校正　槇 一八
編集　大隅 元
制作協力　高塚正則、水島隆介

11歳の右腕へ

礒繁雄監督の指導を受ける芦田創選手

パラ陸上選手

芦田 創

あしだ・はじむ

１９９３年、兵庫県生まれ。トヨタ自動車所属。２０１６年、早稲田大学政経学部卒業。高校から本格的に陸上競技を始め、高校３年生のとき、日本パラ陸上競技選手権大会の４００ｍ走で日本新記録をマーク。16年、リオデジャネイロパラリンピックに出場、男子４×１００ｍリレーで銅メダルを獲得。東京パラリンピックでもメダルを期待されている。

閑散とした駒沢陸上競技場

彼ははたして障がい者なのだろうか――。

二〇一七年六月一一日、日本パラ陸上競技選手権大会の第二日。会場の駒沢オリンピック公園陸上競技場に足を運ぶと、メインスタンドの目の前で三段跳びに挑む芦田創の姿があった。

一七九cmの長身、すらりと伸びた長い脚、見事な逆三角形をした上体、サングラスをかけ、俯《うつむ》き加減にゆったりとフィールドを歩きながら集中を高めていく姿は、紛れもなくトップアスリートの風格である。

助走のスタート地点に立ち、左手でスタンドを煽《あお》ると手拍子が沸き起こった。ゆっくり二、三歩歩いた後、軽くスキップをするようにして走り始める。芦田が大きく腕を振り出したとき、初めて黒いプロテクターを着けた右腕が左腕よりも短いことを意識させられた。

芦田創、兵庫県生まれの二四歳。二〇一六年のリオパラリンピックでは四×一〇〇mリレーに第一走者として出走し、銅メダル獲得と日本新記録の樹立に貢献。二〇一七年三月には〝本業〟の走り幅跳びで、日本パラ陸上史上初の大台乗せとなる七m一五cmの日本新記録を出した、東京パラリンピック期待の星である。

芦田は今大会でも、第一日の走り幅跳びで六m八七cmの好記録を出して優勝しているのだが

（Ｔ47クラス）、新聞発表によれば、残念なことに第一日の入場者数はわずか一三〇〇人余り。しかも、そのうちの二五〇人が報道陣だったという。私が観戦した第二日も、メインスタンド以外に人影はなかった。

芦田の背後では、男女一〇〇ｍ走の決勝が行なわれていた。パラ陸上では競技の公平を期すため、障がいの程度に応じて細かなクラス分けが行なわれており、女子の一〇〇ｍ走は一五クラス、男子の一〇〇ｍ走は実に一八クラスからの参加があった。

レーサーと呼ばれる軽量で高速が出る車いすのレースもあれば、ブラインドの人が晴眼《せいがん》のガイドランナーに導かれて走るレースもある。片脚義足、両脚義足のランナーもいる。クラスごとに優勝者が決まりメダルが授与されるが、参加人数の少ないクラスは他のクラスと同時に走ることもあり、いったい誰が勝者なのかわかりにくい。

日本パラ陸上競技連盟の「クラス分け説明表」は、芦田のクラス・Ｔ47を以下のように規定している。

【片前腕切断（片手関節離断含む）または１００ｍ走から４００ｍ走と跳躍競技に参加可能な片側及び両側上肢《じょうし》の最少の障害基準（ＭＩＣ）に該当するもの】

「最少の障害基準」という言葉から察しがつくように、芦田の障がいの程度は軽い。しかし、パラ陸上の会場には重い障がいを抱えた選手も大勢いる。一緒に連れていったまだ幼い息子が、不思議そうな表情で指を差した。

「パパ、あれ何?」

指が差し示す方向に目をやると、堂々たる体躯《たいく》の片脚義足の選手がこちらに向かって歩いてくる。さて、何と説明すればいいものか、「世の中にはいろいろな人がいて」「片足がなくても同じ人間で」……。どのような言辞を弄《ろう》したところで、どこか偽善的で上滑りな言葉になってしまう。結局、私の口をついて出てきたのは、

「指を差すんじゃない」

というひと言だった。これは幼いころに親からよく言われた言葉だ。障がい者にあからさまな視線を向けてはいけない。黙って目をそらすことこそ思いやりだ……。

私が自然に抱いてしまうこうした感情は、おそらく多くの日本人に共通のものだろう。だから、パラスポーツはたくさんの観衆を集めるのが難しいのかもしれない。

芦田は右腕に障がいを抱えながら七m一五cmを飛ぶ超人だ。そんな芦田を「すごい」とは思っても「かわいそうだ」と思う人は少ないだろう。一方で、七m一五cmは、パラの世界では日本記録かもしれないが、健常者の世界ならインターハイ(高校総体)でやっと決勝に残れる程度の記録でしかない。

障がい者ならば超人、健常者ならば凡人。T47の芦田創は、障がい者と健常者の境界線上を歩きながら、何を悩み、何を選択してきたのだろうか。

「デズモイド腫瘍」との闘い

芦田は兵庫県氷上郡《ひかみ》（現在の丹波市）で生まれている。幼いころから活発だった芦田は、氷上の里山を駆けずり回って遊ぶ野性児だった。運動神経のよさは学生時代に体育会テニス部で鳴らした父親の幸浩《ゆきひろ》譲りだが、幸浩は幼い芦田の体に小さな不安を感じていた。

「幼稚園に上がる前、左右の腕の太さが少し違うのに気づいたんです。ボールを投げさせるとやたらと右のほうに飛んでいくので、球技が苦手なのかなとも思いました」

左右の腕の太さの違いは、芦田が五歳になったころ顕著になってきた。不安を募らせた両親は、幼稚園の創立記念日を利用して地元の病院に芦田を連れて行った。ＭＲＩの検査結果を見た医師は、即座にこう言った。

「すぐに、もっと大きな病院を受診してください」

尼崎市にある関西労災病院整形外科部長（当時）の、多田浩一を紹介された。関西で三本の指に入る「手外科《てげか》」の名医である。氷上から車を飛ばして一時間半。関西労災病院で多田の診察を受けた。

多田の所見によれば、芦田は生まれながらに肘を脱臼《だっきゅう》していたらしい。人間の上肢は尺骨《しゃっこつ》と橈骨《とうこつ》という二本の骨によって構成されているが、芦田の脱臼は橈骨頭《とう》（橈骨の肘側）の脱臼だった。原因はわからないが、脱臼の手術自体はそれほど難しいものではない。

さっそく脱臼を治す手術が行なわれたが、またすぐに脱臼してしまった。再手術を受けても結果は同じ。母親の智恵《ちえ》は、芦田が小学校に上がるころ、多田から受けた病状説明の言葉をよく記憶している。

「デズモイド腫瘍《しゅよう》かもしれないけれど、だとするとやっかいですね」

「やっかい」という言葉が胸に引っかかった。家に帰ってインターネットで調べてみると、デズモイド腫瘍は手術の侵襲によって発生する腫瘍で、再発率は実に八〇%以上。手術で除去しなければ腫瘍はどんどん大きくなり、やがて痛みに耐えられなくなる。しかし手術をすれば、それが原因となってまた次の腫瘍ができてしまう。まさに「やっかいな」腫瘍である。

細胞が活性化するとそれに伴って腫瘍も大きくなり、腫瘍はやがて骨を侵食して徐々に骨を溶かしてしまう。だから智恵としては、なるべく芦田に運動をしてほしくなかった。運動中に転べば骨折の危険性があるし、運動は細胞を活性化させてしまう。

小学校に入学した芦田は「まるで記念日のように」、毎年デズモイド腫瘍の切除手術を受け続けた。芦田が腕の手術痕を指差しながら言う。

「たしか六回ぐらい受けたんじゃないでしょうか。どの傷が何回目か、もうわかりません。傷の横に入れ墨で通し番号を打っておけばよかったですね（笑）」

腫瘍の侵食を受けた尺骨を切除しているため、芦田の右上肢には橈骨一本しかなく、太さも左上肢の半分ほどしかない。腫瘍の除去をすると一週間から一〇日間は入院しなくてはならず、それ以降はギプスをはめて通院しながらの加療となるのだが、ようやくギプスが外《はず》れたかと思うとすぐにまた腫瘍が再発した。

しかし、入院は悪いことばかりではなかった。芦田は相部屋になった大人たちと、積極的に付き合った。

「大部屋でお爺さんと一緒になると将棋を教えてもらったり、大学生にトランプを教えてもらったり。普通の子どもは知らないこともずいぶん教えてもらったので、小学校に戻ると、同級生になんとなく違和感をもちました」

特に強い違和感を覚えたのは、養護学級の生徒に対するいじめだった。病院にはいろいろな人がいて、それが当たり前の世界だったから、養護学級の子をいじめる同級生たちの心理が芦田にはよくわからなかった。

「なんであんなことすんのやろって、いつも思っていました」

両親は病気を嘆くよりも、徐々に右手が使えなくなっていくのは「当たり前だ」という雰囲気をつくること、そして、先手を打って将来に備えることに必死だった。幸浩が言う。

「親は毎日毎日、張り詰めた気持ちで過ごしていました。右手が完全に使えなくなることを予想して、小学校一年生のときから箸も鉛筆も左手に換えさせました。左手へ切り替えるのは障がいがあるからではなくて、それが普通のことなんだよと教えていました」

智恵は、運動ができない分、勉強では絶対に負けるなと発破をかけ続けた。芦田は小四から学習塾に通い、入院中も猛勉強をした。結果、学校を休んでばかりなのに、勉強ではいつもトップ、体育も見学ばかりだったのに、運動会で走れば常に一着だった。芦田が言う。

「だから僕、いじめられた記憶ってないんです。ただ、妬《ねた》まれたことはありますよ。あいつ、手が変なのになんでいつも一番なんやって」

幸浩も智恵も「不自由」「障がい」といった言葉を家庭内で使わないようにしていたが、幸浩はたった一度だけ、芦田に尋ねてみたことがあった。

「パパは両手が使えるけど、おまえは右手が使えなくて不自由やろな」

「そもそも右手を使えたことがないから、不自由だと思ったことないよ」

子ども時代、芦田は自分を障がい者だと思ったことは一度もなかったという。

「切断」という二文字の衝撃

関西労災病院で、多田の後を継いで芦田の主治医となった田野確郎《でんのかくろう》が、阪急電鉄武庫之荘《むこのそう》駅の近くで開業していた。田野はよく陽に焼けた、温厚そうな医師である。

「半年に一回ぐらいのペースでＭＲＩを撮りに来ていましたが、病院に来ると腫瘍と向き合わなくてはならないので、いつもしゅんとして下を向いていましたね」

田野が芦田の治療方針を大きく変えたのは、小学校五年生、一一歳のときだった。

「デズモイド腫瘍は関西の手外科学会でも二、三の報告例しかないとても珍しい病気で、われわれも手探りで治療をしていました。一〇歳までは手術で腫瘍を取っていたのですが、手を出せば出すほど腫瘍が大きくなるので、放射線治療を試すことを提案したのです」

肘に放射線を当てれば腫瘍の成長を止められる可能性はあるが、骨端線《こったんせん》の成長も止めてしまう。骨端線の成長が止まれば、骨は成長しなくなる。智恵が言う。

「たとえ骨は成長しなくなっても、それで腫瘍の成長が止められるならと思いました」

芦田は二回の放射線治療で、限度量いっぱいの照射を受けた。腫瘍の成長はとりあえず止まった。そして、芦田の右上肢も一一歳の長さのまま、成長することをやめてしまった。

小四から猛勉強をした甲斐あって、芦田は中高一貫校で早稲田大学の系属校である早稲田摂《せっ》陵《りょう》に合格する（当時は「摂陵」）。これは智恵が強く望んだ結果でもあった。

小学校時代、芦田の学科の成績は抜群だったが、右手が短いためにリコーダーを持てなかった。おそらく柔道の組み手もできないだろう。公立中学に進学すれば、音楽と体育の成績が内申を引き下げてしまう虞《おそれ》があった。

「右腕のせいで彼の可能性が狭くなってしまうことは、どうしても避けたかったんです」

芦田は早稲田摂陵に入学すると卓球部に所属して、「ゆるい」中学生生活を送っていた。だが、三年生になったとき、活動を休止していた腫瘍が再び増殖を始めてしまった。腫瘍は神経を巻き込むように成長しており、神経を傷つけずに切除するのは不可能だった。

田野医師は大阪府立成人病センターにいる腫瘍の専門医に、芦田の再発について相談した。成人病センターの医師は、芦田と両親の三人を前にして、こう言った。

「治療方法がもうないから、これは厳しいなぁ。このままいったら……」

腫瘍は芦田自身の成長のピークと重なったこともあり、すでにニワトリの卵の大きさにまでなっていた。智恵が先を促した。

「このままいったら、どうなるんでしょうか」

「腕、切断したほうがいいかもしれませんね」

「切断……」

三人は、絶句した。それは、一番聞きたくない単語だった。智恵が食い下がった。

「先生、もしも先生のお子さんがこの子の立場だったら、どうされますか」

「そう……切断という選択もあるかな」

息子の体の一部がなくなる。それは、母親にとって想像以上の衝撃だった。

「私の腕を切って移植できるなら、そうしてあげたいって本気で思いました。切断する時期は腫瘍の成長度合いによって決めようというお話だったので、それまでに腕のある息子の姿を映像に残しておきたいと思って、私、あらゆる試合とあらゆる学校行事についていきました」

一方芦田は、まったく別のことを考えていた。

「オトンとオカンは、とうとう切断かという感じでしたけど、僕は一〇年も好きな運動を我慢してきたのに結局切るしかないんか、どうせ切るんだったら、それまで好きなことを思い切りやったるわという気分でした」

「運動するな」と言われ続けたことへの反発もあった。再発への苛立ちもあった。芦田は中学生最後の春休みから陸上部の練習に参加し、走って走って走りまくった。やり場のない思いを、走ることにぶつけた。

「もやもやが走力に直結したパターンでしたね」

一〇〇m走で、いきなり一一秒台半ばのタイムが出た。部活でトップの記録である。

「俺、早《は》えーぞ。これまで我慢ばっかりしてきたけど、俺、自分の好きな運動で輝けるかもしれないぞ」

数カ月後、芦田は定期検診で田野の元を訪れた。田野はいつも下ばかり向いていた芦田が、顔を上げて真っすぐに自分を見詰めてくるのに驚いた。

ＭＲＩの画像を見ながら、田野が怪訝《けげん》な顔で言った。

「君、何かやったん？」

「思い切り走りました」

「運動したらダメやろ」

田野が苦笑した。腫瘍の成長が止まっていた。奇跡が起こったのだ。

走ることで免疫力が跳ね上がる

織田幹雄記念陸上競技場は、狭山湖にほど近い早稲田大学所沢キャンパスの中にある。森に囲まれ、野鳥のさえずりが聞こえる美しいキャンパスだ。天然の芝生で覆《おお》われたフィールドの上を、上半身裸になった芦田がストレッチをしながら悠然《ゆうぜん》と歩いてくる。

「所沢の蚊は、リオの蚊よりも痒《かゆ》いですよ」

冗談とも本気ともつかない顔で、芦田が教えてくれる。

早稲田大学を卒業した芦田は、トヨタ自動車に正社員として入社している。早稲田もスポーツ推薦で入ったわけではなく、系属校からの一般推薦で政治経済学部の政治学科に入学した。現在は早大競走部の礒繁雄《いそしげお》監督と契約を結んで、母校の陸上競技場でトレーニングを積む日々を送っている。

芦田がこのグラウンドにたどり着くまでには、長い迷走の季節があった。迷走中のキーワードは「おもんない」。大阪弁で「面白くない」という意味だ。

芦田が右腕切断の危機に見舞われて、突如、走ることに目覚めた経緯はすでに述べたが、芦田はそのまま早稲田摂陵高校の陸上部に入部すると、四〇〇m走の選手として急速に頭角を現していき、それと反比例するように右肘の腫瘍は縮小していった。芦田に言わせれば、「走ることで心が明るくなって、免疫力が跳《は》ね上がった」結果である。

主治医の田野は、「医学的には、患者の成長期が終わったために腫瘍の細胞分裂も止まったと考えるべき」と前置きした上で、

「芦田君が陸上を始めたことで自信をもって、病気に打ち勝ったことは間違いないですね」

と言う。デスモイド腫瘍は、すでに増殖能力のない組織に置き換わったのだ。

「もう、死火山になったと見ていいでしょう」

高一の五月、インターハイの予選に出場した芦田は、いきなり華々しい戦績をあげることになった。

大阪府のインターハイ予選は北と南に分かれて行なわれる。芦田はほぼ陸上未経験の状態で四〇〇m走に出場し、北の大会で二五位に入ったのだ。一年生に限ってみれば、大阪全体で第二位の成績である。

「府大会には進めませんでしたが、なにしろ中学では卓球部だったわけで、芦田っていったい誰や、絶対にインターハイに出られる奴やという騒ぎになったんです」

芦田にはやや話を盛る癖があるようだが、いわば〝彗星のごとく〟大阪の陸上競技界にデビューを果たしたわけだ。

学校生活も絶好調だった。中学時代からの親友、河原田健人《かわはらだけんと》が言う。

「修学旅行で沖縄に行ったときのことです。なにしろ男子校なので部屋にあるテレビに興味津々《しんしん》で、有料テレビのプリペイドカードを買って、みんなで見たんです。ところがその手の番組がブロックされていたので、アッシー（芦田のあだ名）とフロントに文句を言いにいったら、先生にひどく怒られましたね（笑）」

腕のことをからかう級友はひとりもおらず、絵に描いたような男子校の風景の真ん中に、芦田はいた。

だが、腫瘍のことをほとんど忘れて練習に打ち込んでいた芦田を、今度は別の病《やまい》が襲った。

「もう、走るのが楽しくて楽しくて、左右のバランスが悪いことに気づかずにハードな練習を続けていたら、腰をやってしまったんです」

歩けないほどの激痛に見舞われて、芦田は高校一年のシーズンを棒に振ってしまう。冬になってようやく練習に復帰できたが、今度は高二の初戦で肉離れを起こしてしまった。これも、左右のバランスの悪さが原因。高二の一年間で五回も肉離れを起こして、まともに練習ができるようになったのは、またしても冬からだった。

高校生活最後のシーズン。芦田はインターハイ出場を目標に掲げて予選に臨んだが、結果は大阪府大会の準決勝で九位。八位に入れば決勝進出、決勝で六位に入れば近畿大会へと駒を進められるはずだった。

芦田の「やる気スイッチ」は、完全に切れてしまった。

「義足のレジェンド」との出会い

話は前後するが、インターハイ予選出場前、芦田は大阪体育大学での合宿に参加している。合宿の筋トレのメニューのなかに「手押し車」があった。二人一組になり、一方が相手の両足首を持って脚を持ち上げ、もう一方が腕だけで前に進むトレーニングだ。

「お前、なんでやんねーの」

振り返ると、坊主頭の男が立っていた。「義足のレジェンド」こと山本篤《あつし》である。山本は二〇〇八年の北京パラリンピックで走り幅跳びに出場し、日本人の義足陸上競技選手として初のメダルを獲得。大体大のOBで、同大のグラウンドを練習拠点にしていた。

「僕、腕が悪いんで」

芦田がこう答えると、山本の目がキラリと光った。

「お前、パラ来いよ。お前、本当に強《つ》えーから」

芦田は心の中で呟《つぶや》いた。

(なんや、パラって)

当時、インターハイに向けて猛練習に励んでいた芦田にとって、パラリンピックは「障がい者のスポーツ大会」でしかなかった。

「当時、僕の四〇〇m走の自己ベストは五〇秒八八でした。インターハイの予選が四八秒から四九秒の前半ぐらい、決勝は四六秒の後半から四七秒の勝負になるのですが、二〇一一年当時のパラの記録は、僕の自己ベストで世界ランキング四、五位、翌年のロンドンパラでメダルを取れるレベルでした。必死で〝全国〟を目指しているときに、いきなり〝世界〟って言われてもピンときませんでした」

芦田が「一度パラの大会に遊びに行きます」という社交辞令を山本に伝えて、その場はお開きとなった。

その後、前述のとおりインターハイの予選で敗退すると、芦田のなかで陸上はすでに「終わったもの」になってしまった。山本との約束もあって、七月の日本パラ陸上競技選手権大会の四〇〇m走にエントリーしたが、それまでの二カ月間、まともに練習をしなかった。

結果は、五一秒三〇の日本新記録（T46）で優勝。ロンドンパラリンピックに出場できるタイムだった。

「おもんない」

レースとして、面白くなかった。

「あのとき、腕の障がいで四〇〇に出たのは僕だけだったので、（クラスの違う）義足の人と一緒に走ったのですが、みんな国際大会の参加記録を切りに来てるだけだし、僕はひとりで走っているようなものだったので、競争力がまったく生まれなかったんです」

芦田の言う競争力とは、「競い合うことによって記録を伸ばす力」という意味だ。

高校三年でいきなりパラの日本新記録を出してしまった芦田は、天狗になってパラの世界を甘く見た。一二月に早稲田大学への推薦入学が決まると、芦田はやることがなくなってしまった。三月、卒業旅行を兼ねて母親の智恵と一緒にオーストラリアへ〝初遠征〟に出かけることにした。

パラリンピックに出場するには、「国際クラス分け」を受ける必要がある。それを受けないと国際大会に参加できないばかりか、国内で出した記録が世界的に通用しない。芦田が出した五一秒三〇の日本新記録は、残念ながら国際クラス分けを受ける前の記録だったのだ。

芦田は、オーストラリアの大会に参加して国際クラス分けを受け、ロンドンパラリンピックの参加標準記録を切ってくるつもりだった。ところが……。

「まったく練習しないで走ったら、五二秒〇八という記録しか出ませんでした。ロンドンパラの参加標準記録を切れなかったのです。しかもそれが、悔しくもなんともなかった。もう、陸上はいいやという気持ちでした」

芦田のやる気スイッチは、まだ入らない。

障がいを武器として受け入れる

早稲田大学に入学した芦田は、学生生活を思い切りエンジョイすることに決めた。陸上同好会に入ったが、ラーメン食べ歩きサークルと旅行サークルにも入った。体育会の競走部はなんとなく敬遠した。陸上以外の何かを探したい気持ちが強かったのだ。

「高二で肉離れをしたとき、模試を受けたら偏差値三八だったんです。これはやばいと思って、練習を休んでるあいだにむちゃくちゃ勉強したら、高三の模試で偏差値七二まで上がりました。僕、やる気スイッチが入るとすごいんですけど、なかなかスイッチが見つからないんですよ」

転機は九月にやってきた。参加を逃したロンドンパラリンピックのハイライトをテレビで見たのだ。イギリスはパラリンピック発祥の地である。日本のパラスポーツの大会とはまったく異なる大観衆を目にして、芦田は思わず叫んだ。

「しまったー、こら、かっこええぞ」

怪我続きでも五〇秒八八を出せたのだから、オーストラリアに行く前に少しでも練習しておけば、ロンドンに行けたはずだ。この大観衆の前に立てたはずなのだ。

現金なことに、芦田は二〇一二年の秋から陸上の練習を再開する。だが、時すでに遅しで五四秒台までタイムが落ちていた。翌二〇一三年にはIPC陸上競技世界選手権大会（リヨン）に参加したが、結果は五三秒〇八。「世界で断トツのドベ」だった。

「三秒遅いというのは、（短距離走では）もう別世界なんです。体ができてくるにしたがって左右のアンバランスが顕著になってきて、これは自分じゃないって思うレベルの大スランプが三年間続きました」

ロンドンパラの大観衆を目撃して以降、陸上同好会一本に絞ってやってきたにもかかわらず、二〇一四年にはアジア大会の代表選考にも漏《も》れて、芦田は失意のどん底にあった。

「パラの世界なら勝てると思って、手を抜きすぎたんです。ロンドンパラを見て火は点《つ》きましたけれど、点き方が甘かった」

その一方で芦田は、二〇一四年から遠征や合宿の資金を得るために、自力でスポンサーを集める活動を始めている。「ワセダ」の名前をフルに活用して、何人もの経営者に会いに行った。講演活動を始めたのもこの時期だ。

「二〇一三年に東京オリンピック・パラリンピックが決まって、翌年にパラリンピックの所管が厚労省から文科省に移りましたが、二〇一四年はまだお金が回っていない状態でした。だから、主体的に動いて自分でお金を集める必要があったのです。その活動のなかでいろいろな人に出会って、自分を見つめ直すきっかけをつかみました」

二〇一五年、就職活動が始まった。芦田にはそれなりの記録があったから、実業団の選手になろうと思えばなれなくはなかった。しかし、なあなあで進路を決めるのは嫌だった。資金集めで知り合った経営者や起業家に相談してみると、返ってくる答えはみな同じだった。

「自分にしかできないことを追いかけろ」

合同会社説明会に参加したとき、芦田の人生で最大級の「おもんない」が炸裂《さくれつ》した。

「二十何年も違う人生を歩いてきたのに、なんで同じリクルート服着てるんやろ。なんで同じ髪型して、なんで同じことしゃべってるんやろ。自分にしかないもん見つけないと、みんなと一緒になってまう。おもんない！」

芦田はこのとき初めて、短くて細い右腕が神からの贈り物であることに気づいた。自分の際立った個性に覚醒したのだ。名刺とプロフィールを印刷すると、再び合同会社説明会に出かけていき、暇そうな社員を見つけてはプレゼンテーションを仕掛けた。

「僕、二〇二〇年の東京パラリンピック目指しているんです。僕に興味ありませんか」

「君、会社の説明聞く場所で自分の説明してどうすんのさ」

何度かたしなめられたが、芦田は意に介さなかった。生まれて初めて、自分が障がい者であることを完全に受け入れることができたのだ。障がいは隠すものでもなく、健常者と張り合うための原動力でもない。自分の思いを世の中に伝えるための、武器だった。

芦田は自ら、障がい者になったのだ。

同情や美談の先にあるもの

所沢のグラウンドで、芦田は大会前の調整をしていた。コーチの礒繁雄が芝生の上をこちらに向かって歩いてくる。元一流アスリートだけに独特のオーラがある。

「奴を見て障がい者だという感じがしますか。僕はぜんぜんしない。障がい者なんて、外から言うことじゃないかな」

芦田は大学三年の三月、本気でパラリンピアンになることを決意して幅跳びに種目変更をし、体育会競走部の門を叩《たた》いている。礒とはそれ以来の付き合いである。初めて会ったとき、芦田は礒からきつい一発を食らっている。

「お前はパラアスリートかもしれないが、一流のアスリートじゃない。一流の健常者アスリートと同じフィールドに立ったとき、初めてお前はフラットな評価をもらえるんだ。それまでは同情されるか美談にされるだけだ」

礒は続けて、「健常者の日本選手権への出場を目指して一緒に歩いて行こう」と言った。たとえ優勝はできなくても、日本選手権に出場できれば、それは一流のアスリートである証だと。

芦田が言う。

「オリンピアンは記録があればいいですが、パラリンピアンは立ち位置を見つけにくい。純粋

なアスリートでいくのか、タレント性を発揮して社会性をもった存在を目指すのか。いずれにせよ、誰もがすごいと認める結果を出さなければ、世の中を変えていくことはできません。まずは障がい者というラベルをバリバリに貼らせておいて、健常者の日本選手権に出てそのラベルを一気に剝《は》がす。そのとき初めて、本当にすごいって言われると思うんです」

芦田が敬愛するドイツの義足ジャンパー、マルクス・レームは、二〇一四年のドイツ選手権で八m二四㎝を跳び、健常者を抑えて優勝したが、リオオリンピックへの参加は認められなかった。「義足が有利に働いていないことの証明」ができないというのが、その理由だった。

もし芦田が健常者の日本選手権に出場できても、世間がそれをどう評するかはわからない。スタンドを満員にできるかもしれないし、障がいの程度を疑われるかもしれない。いずれにせよ、芦田の前途は平坦ではないだろう。

「人生は自分が主人公の物語です。起伏のない物語は、おもんないですよ」

最後に聞いてみたいことがあった。

「一一歳のままの右腕に何か言うとしたら?」

芦田は、左腕よりも手のひらひとつ分短い右腕をしばらく見つめていた。

「よう頑張ってるなと思います。僕はお前のおかげで頑張れてる。だから、もうひと息頑張ってな」

芦田は間違いなく、おもろい人生を歩んでいる。

プロフェッショナル

東京パラを目指し、練習に励む三木拓也選手

車いすテニス選手

三木拓也

みき・たくや

１９８９年、島根県生まれ。トヨタ自動車所属。高校３年時にダブルスで県総体準優勝。その年の秋、骨肉腫《こつにくしゅ》を患い入院。闘病生活のあいだに、車いすテニスの存在を知る。理学療法士を目指して神戸学院大学に進学すると同時に神戸車いすテニスクラブに通い始める。２０１０年４月の神戸オープンで国枝《くにえだ》慎吾からの誘いを受けて同年６月にテニストレーニングセンター（ＴＴＣ）へ。12年、ロンドンパラリンピックダブルス入賞。14年、全仏オープン出場。15年、チェコインドア優勝、カナダ国際優勝。16年、クイーンズランド（オーストラリア）優勝。リオデジャネイロパラリンピック、シングルスベスト８、ダブルス４位。19年４月時点の世界ランクは64位。

歯を食いしばった形相

二〇一八年一二月二六日、午前六時三〇分。地下鉄都営三田線の始発を本蓮沼《もとはすぬま》駅で降り、地上へ出る階段を上るとまだ街は薄暗かった。身を切るような寒気のなか、コンビニの店頭に出されたテーブルにクリスマスケーキの箱がふたつ並んでいる。「売れ残り」と言うべきかどうか、微妙なところだ。

六時四五分、味の素ナショナルトレーニングセンター(東京都北区)の正門に着く。「味の素」の名前が冠せられているのは命名権を販売しているからで、ここは日本のトップアスリートのためのトレーニングセンターである。

パラアスリートが本格的にこの施設を利用できるようになったのは、二〇一五年にスポーツ庁が新設された後のことだ。以前は、オリンピックは文科省、パラリンピックは厚労省と管轄《かんかつ》が異なっていたため、パラアスリートの利用は許されていなかった。パラスポーツは〝福祉の一環〟と考えられていたと言い換えてもいい。その名残と言うべきか、味の素ナショナルトレセンはバリアフリー化されていない。正面玄関からして段差があり、段差解消用のプラスチックのスロープが端のほうに置いてあるだけである。

もっとも二〇一九年六月末には、道路をはさんだ東側にパラアスリートが優先的に使える第二トレセン拡充棟がオープンの予定だという。これを「遅きに失した」と見るか、それとも二〇二〇東京パラリンピックの開催決定をきっかけとした「一歩前進」と見るかは、人によって見解の分かれるところだろう。

七時。受付を済ませて、別棟の屋内テニスコートの重い扉を開くと、二面ある青いハードコートのひとつで三木拓也がすでに練習を始めていた。毎朝四時に起床して、五時半に車で埼玉県川口市にある自宅を出発。六時にはトレセンに着いて練習を開始するという。早朝からハードな練習をするのは、体に毒ではないのだろうか。

「車いすテニス業界に入ってから、ずっとこうですから」

こう言って、三木は人なつこそうな笑顔を見せた。「業界」という言い方が印象的だ。

三木拓也、二九歳。国際的に高い水準にある日本の車いすテニス界の、トッププレーヤーのひとりである。

ロンドンパラリンピックのダブルスでベスト8、リオパラのシングルスでベスト8、ダブルスでベスト4。二〇一四年には全仏オープンに参加して、世界ランクを八位に押し上げた（グランドスラム＝四大大会のすべてに車いすテニス部門がある）。しかし、二〇一七年末、オランダの大会で車いすの搬送機械の故障によって怪我を負って以降、世界ランクのない状態が続いている。

コートの中では、コーチの投げるボールを打っては車いすをくるりとターンさせて再び打つという練習が繰り返されていた。ボールを打つたびに、三木の口から「アッ」という鋭い声が短く漏れる。歯を食いしばった形相《ぎょうそう》から、三木の必死さが伝わってくる。

車いすテニスのルールは、ツーバウンドまで打っていいということ以外、健常者のテニスとほとんど変わらない。ワンバウンド目がコートに入っていれば、ツーバウンド目はコートの外でも構わない。また、必ずツーバウンドで返球しなければならないわけではなく、ノーバウンドで返してもワンバウンドで返しても構わない。

パラスポーツにつきもののクラス分けも車いすテニスの場合はいたってシンプルで、パラリンピックには男子、女子、クアードの三種目しかない。クアードとは四肢麻痺《ししまひ》を意味し、三肢以上に障がいのある選手のクラス。クアードの場合のみ、ラケットと手をテーピングで固定することが認められている。

練習が後半に入ると、ラリーが始まった。一見、健常者のテニスと同じ打ち合いのように見えるが、三木の動作を注視していると、車いすテニスは、何と表現すればいいのか……とても忙しいスポーツであることがわかってくる。三木が言う。

「車いすテニスの最大の特徴は、サイドステップを踏めない（正面を向いたまま左右に移動できない）ところにあります。返球するためには、まず球の飛んでくる位置を予測して、その方向に車いすを向け、予測した位置まで移動して、再び車いすの方向を（球が飛んでくるほうへ）変えるという作業が必要になります。健常者のテニスに比べて、二手間多い感じですね」

さらに車いすテニスでは、クイックな移動のために相手に背を向けてターンをしなければならない場面が出てくる。そのあいだ、当然ながら相手の姿はまったく見えなくなる。大きな死角が生まれると言ってもいい。

「死角を狙って打たれないよう、いかにして死角を埋めるか。そこが試合のキモになります」

車いすを操作することをチェアワークという。チェアワークの巧拙《こうせつ》を見るのも車いすテニス観戦の醍醐味《だいごみ》のひとつなのだが、車いすを必死に漕《こ》いでいる三木の姿は、どこかもどかしそうだ。それは、三木がいわゆる中途障がい者であることと無縁ではない。

進路の基準はテニス環境

三木拓也は一九八九年、島根県出雲市で生まれている。テニスプレーヤーの錦織圭《にしこり》も同じ一九八九年に松江市で生まれており、三木と錦織は同郷で同期ということになる。

球技好きの父親の影響で小さいころから卓球やテニスに親しんでいた三木は、小学校時代、サンフレッチェ広島のサッカースクールに通っていた。MFやDFといったポジションを与えられていたが、なぜかサッカーには熱中し切れなかったという。

「途中で気づいたのですが、僕には協調性がないんですよ（笑）。だから団体競技には向かないんです。自分が足を引っ張って試合に負けるのも嫌だったし、他のメンバーのせいで試合に負けたと思ってしまうのも嫌。試合に負けた後の悔しがり方にも他のメンバーと温度差があったりして、なかなか思うとおりにはいきませんでした」

しかし、父親や弟たちとやるテニスは違った。

「個人競技のテニスは、すべてが自己責任でしょう。自分がやったことがすべて自分に返ってくるわけで、それがとても気持ちよかった。やればやるほど上達するので、『俺、いったいどこまで行けるんだろう』なんて想像してしまうぐらい、楽しくて仕方ありませんでした」

実は、三木の祖父は島根県テニス協会の元副会長であり、島根医科大学（現在の島根大学医学部）に硬式テニス部をつくり、浜山ローンテニスクラブ（出雲市）を設立するなど、島根県に硬式テニスを普及させるために尽力した人物だった。こうした血を受け継いだのか、三木は中学に入ると迷わずソフトテニス（軟式テニス）部に入部して、テニス三昧《ざんまい》の日々を送ることになる。

だが、いまになって振り返ってみて、「中学時代はもったいなかった」と三木は言うのである。

「僕は中学校の枠の中だけで軟式テニスをやっていたので、とても視野が狭かった。中学の終わりごろにテニス雑誌を買うようになって、そのことを思い知りました」

三木が手にしたテニス雑誌ではすでに、同郷、同期の錦織圭がフィーチャーされていた。

「島根の同学年にこんな子がいるんやーって、本当にびっくりしましたね」

高校は島根県屈指の進学校、県立出雲高校に進んだ。もちろん中学時代に勉強ができたからこの学校を選んだわけだが、進路の選択に迷いがなかったわけではない。母親の直実《なおみ》が言う。

「高校受験をするころはもう、テニスができる環境を優先して高校を選びたいという感じで、本人としては県立の大社《たいしゃ》高校に行きたかったようです」

島根県立大社高校は、島根県で唯一体育科のある高校である。だが、父親の整《ひとし》が、将来の選択の幅を広げるには出雲高校へ進学したほうがいいと助言した。整には、テニスで生計を立てられるほど世の中は甘くないという認識があったのだ。直実が言う。

「拓也はお婆《ばあ》ちゃん子だったこともあって、とても気持ちの優しい子でした。お婆ちゃんが洗濯物を干すときは隣で洗濯籠《かご》を持っていてあげるような、人に対する思いやりのある子でした。そういう優しさがアスリートとしてはどうなのか、という思いも夫にはあったようです」

親としては当然の心配だろう。しかし、出雲高校に進学した三木は、結局のところ勉強そっちのけでテニスに没頭する日々を送ることになった。三木が言う。

「高校に入って、テニスに関してはぐっと視野が広がりました。他校の生徒と交流するなかで、『そんなに熱心にテニスやってるのに、どうしてクラブに入ってないの』なんて言われてクラブを紹介してもらったのですが、クラブに集まっていたのは、もう、テニスのことしか考えていない連中ばかりでした」

当初は出雲市のクラブで練習していたが、同じクラブでも県庁所在地である松江市のほうに強い子たちが集まっていることを知って、松江に移った。平日は学校のテニス部で練習し、部活が終わると自宅で一流選手の動画を見る。週に一度は松江のクラブまで整が送っていき、部活も松江のクラブもないときは、自宅の庭につくった半面ほどのミニコートで整や弟を相手にサーブやラリーの練習をした。まさに、テニス漬けの日々である。

「もう、パラダイスでしたね（笑）」

こうした熱狂的とも言える努力の結果、三木はめきめきと頭角を現し、県の強化合宿に呼ばれる存在になっていく。そして高校生活の総仕上げ、三年生のインターハイ県予選では、ダブルスで見事準優勝し、シングルスでもベスト8入りを果たした。

「残念ながら全国大会には出られませんでしたが、シングルスでは、高校二年まで一度も勝てなかった、県で三本指に入る〝怪物君〟みたいな子をふたり破りました。我ながら、自分はまだまだ伸びしろがあるなと思いました」

しかし三木は、決して自信過剰に陥るタイプではなかった。自分の実力を見極める目は冷静だった。

「錦織君の情報なんかを見ていたので、プロの世界が甘くないことはよくわかっていました。僕はプロを目指すよりも、大学のリーグでテニスをやりながら、コーチやトレーナーを目指したほうがいいと思ったのです」

三木は体育大学を進路に定めた。志望校は国立の筑波大学と鹿屋《かのや》体育大学、そして私立の大阪体育大学の三校である。テニス漬けの日々を切り上げると、今度は学科試験の勉強と実技試験のためのトレーニングに没頭するようになった。

この進路については父親の整も異論はなく、三木と一緒にオープンキャンパスに出かけたりもした。オープンキャンパスでは、人なつこい三木が未来の同級生たちに向かって、

「来年の春に会おうな」

と声をかけていたという。

スポーツを取ったら何も残らない

三木の身体に異変が起こったのは、高三の一〇月末。左ひざが腫れて、激しく痛んだ。

「地元の開業医に行ってレントゲンを撮ってもらったのですが、ひざ自体よりひざの下に見える影のほうが気になるから、すぐに大きな病院に行ってMRIを撮ってもらったほうがいいと言われました」

母親の直実が付き添っていた。

「レントゲン写真を見せてもらったら、ひざの下の骨に真っ黒な影があって……。素人《しろうと》目にも、これは尋常《じんじょう》ではないと思いました」

一一月、自宅からわずか五分の距離にある島根大学医学部附属病院で、MRIの検査を受けることになった。祖父が硬式テニス部をつくった島根医科大学の後身である。直実は検査が終わったらいつもどおり高校へ送り出すつもりで、三木のために弁当をつくって病院に持参し

た。

ＭＲＩの検査は昼ごろには終わってしまった。検査結果を聞くため診察室に入ると、医師があっさりと言った。

「詳しい検査をする必要はありますが、悪性の腫瘍（骨肉腫）であることは間違いないでしょう。自分の足でスポーツをやることは、諦めたほうがいいと思います」

直実はこの瞬間のことを、よく記憶していた。

「いまは、検査した当日にはっきりと告知してしまうんですね。よくドラマで『風景が真っ白になった』という科白《せりふ》を聞きますが、お医者さんの言葉を聞いているとき、一瞬ですが本当に周りの景色が真っ白になってしまいました。でも、私がうろたえてはダメだ、なんとしてもこの子の命を守らなくてはならないと思い直したのです」

当の三木はどうだったのか。

「お医者さんから『死ぬ可能性もある』と言われたことより、スポーツを諦めてくれと言われたほうがショックで、そのあとの説明はまったく頭に入りませんでした。だって、自分からスポーツを取ったら、何も残らないじゃないですか」

午後三時、三木と直実は自宅に戻った。ふたりとも昼食を食べていなかったことに気づいた直実が三木に弁当を勧めたが、三木は黙って自室にこもって出てこなかった。

父親の整は、人工骨の可能性を探ったが、人工骨はまだまだ完成された技術とは言えず、ならばと、自分の足の骨を切断して三木に移植することまで考えた。だが、移植する側の骨細胞を殺さないと免疫反応が出てしまうので、結果は人工骨を移植するのと変わらないと医師から告げられた。いずれの方法をとっても三木の足を運動できる状態にまで回復させることは不可能だった。

パソコンの中の国枝慎吾

医師の説明では、三木の五年生存率は七〇%ということだった。悪性腫瘍の五年生存率としては比較的高い数字だったが、三木にとって重要だったのは生存率ではなかった。

「なんでわざわざスポーツに熱中してる俺の足に来るかなっていう思いで一杯で、正直言うと、別のヤツの足に行けばいいじゃないかとまで思いました。でも、そう思ってしまう自分も嫌で嫌で、もう、ベッドの上で悶々《もんもん》とし続けました」

部活をやっていた三木には体力があったから、主治医は抗がん剤で腫瘍を小さくしてから人工関節を入れる手術を行なうという治療方針を立てた。

「もし腫瘍が小さくなれば足を残せるかもしれないという説明でしたが、いま思えば、お医者さんの優しい嘘だったのでしょうね。でも、その嘘のおかげで抗がん剤治療に耐えることができたのも事実です」

抗がん剤治療は、苛烈《かれつ》を極めた。薬を身体に入れるとたちまち激しい吐き気に見舞われて、食欲がなくなってしまう。だからといって食事をしないと、体力が落ちてしまう。体力がなくなると抗がん剤の投与ができなくなり、腫瘍を叩くこともできなくなる……。

直実は三木が少しでも食事を摂《と》れるように、病院の許可を得て、毎日三食、三木に食事を届け続けた。日常使っていた食器によそい、すべてをひとつのお盆に載せて自宅から病室まで運び込んだこともあった。

「最初のころは、どこにも思いをぶつけることができなくて投げやりになっていたのでしょう。感情に大きな波があって、声もかけられない状態でした。とても見ていられませんでした」

こうした三木の姿勢を変化させたのは、ふたりの医療者の存在だった。いや、正確に言えば、ふたりの医療者とひとりのアスリートということになるだろうか。

医療者のひとりは、若い主治医である。たまたまテニス好きだった主治医は、二〇〇八年九月、人工関節への置換手術を終えた三木の病室にパソコンを持ち込むと、YouTubeにアップされたある動画を三木に見せた。それは、北京パラリンピック車いすテニス男子決勝の動画だった。パソコンの画面の中で、国枝慎吾と前回覇者《はしゃ》のロビン・アメルラーン（オランダ）が熱戦を繰り広げていた。三木が言う。

「主治医の先生から、『そんなにスポーツをやりたいなら、車いすテニスをやればいい』と言われていたのですが、当時、車いすテニスは一般にほとんど知られてませんでした。だから、しょせん気休め程度のものだろうと思っていたのです」

ところがYouTubeを見た三木は、パソコンの画面に釘付けにされてしまった。

「ガチでテニスの試合をやってる。車いすでこんだけ走れるんだって、本当にびっくりしました。あの映像を見た日から、僕の世界は変わったんです」

主治医は、その後もたびたびテニスの試合の動画を見せに来てくれた。三木が個室に入っていたこともあり、消灯時間を過ぎた後も一緒に動画を見ながらテニスについて語り合うこともあったという。

もうひとりの医療者は、三木のリハビリを担当した石崎文久《ふみひさ》である。三木と同じ出雲高校の出身である石崎は、島根医科大学の開設と同時に入職したベテラン。東洋医学（鍼灸《しんきゅう》）を学んでリハビリの専門家になった石崎は、「感」という言葉を大切にしていた。

「私は感謝、感動、感心など、感のつく言葉が好きなのですが、テクノロジーの進化によって、人間の五感、感性といったものが薄れていっていると思います。しかしリハビリの施術では、患者さんを感じることがとても大切なのです。私が三木君と初めて対面したときに感じたのは、この子は難しい患者だなということでした」

石崎が三木と対話をし、身体に触れながら感じ取ったのは、納得をすれば大変なエネルギーを発揮するが、納得できなければ一歩も前に進むことのできない、生真面目《きまじめ》で少々不器用な青年という印象だった。

「三木君は、なにしろ納得させるのが難しかった。でも、そこさえうまくもっていければ、ものすごく伸びる子だとも思いました」

ある日、石崎が三木のベッドで施術をしていると、三木がこんなことを尋ねてきた。

「石崎さん、この足で、僕、理学療法士になれるでしょうか」

そもそも体育大学に進学してテニスのコーチかトレーナーになりたい、つまり、選手になるよりは選手のサポートをする仕事に就《つ》きたいと思っていた三木は、石崎の仕事に興味を覚えたのだ。石崎はこんな言葉を返した。

「もともとスポーツが好きだった君がこういう経験をしているのだから、もしも君が理学療法士になったら、きっと患者さんの心に寄り添える理学療法士になれるんじゃないかな」

石崎の言葉は、三木の心を深く捉えた。その日を境にして、三木のリハビリに対する姿勢は急激に変化していった。石崎が言う。

「理学療法士に興味をもってくれたのは、嬉しかったですね。彼のような理学療法士が活躍してくれたら、本当にいいことだと思います。何か、三木君の心に光が差した感じがしました」

一方の三木は……。

「それまでは意地になっていて、どうせスポーツができないんだったら、リハビリなんてやっても意味ないじゃないかと思っていたのです」

石崎が感じ取ったとおり、三木は自分が納得できる目標をもつと異様なエネルギーを発揮する人間らしい。車いすテニスと理学療法士というふたつの目標を手にした三木は、すぐさま情報収集を開始する。

「僕、惰性《だせい》で流されていくのは性《しょう》に合わないんです。我ながら、目標ができると強いなと思います（笑）」

調べてみると、兵庫県にある神戸学院大学に理学療法学科があることがわかった。本当は国枝慎吾が所属している千葉県のＴＴＣ（公益財団法人吉田記念テニス研修センター）に近い関東の大学に進学したかったが、これ以上両親に心配をかけたくないという思いもあって関西の大学を志望校に定めた。神戸学院大学の近くには神戸車いすテニスクラブというクラブがあり、そこにアテネパラ（二〇〇四年）に出場した中野秀和がいることもわかった。

主治医は退院後しっかり療養して、翌々年に大学受験をすればいいとアドバイスしたが、三木はじっとしていなかった。猛然と受験勉強を始めると、退院した翌年、神戸学院大学に合格してしまった。

「それまでの人生で、一番勉強しましたね。親から、いままでもその調子で勉強すればよかったのにと言われました（笑）」

三木は高校三年の一一月からちょうど一年間をベッドの上で過ごしたわけだが、結果的に一年浪人したのと同じタイミングで大学に進学することになったのである。

国枝に声をかけられる

神戸学院大学に進学し神戸でひとり暮らしを始めた三木は、神戸のクラブに通いながら空いている時間さえあればアパートの前の坂道で車いすを漕ぐ練習をした。高校時代と同じ、テニス漬けの日々の再開だ。

「最初はとにかく車いすを思うように動かせなくて、健常者の時代にはあり得ないぐらい、体にボールが当たりました。いままでやってきたテニスとはまったく違うスポーツであることを、思い知らされました」

壁はそれだけではなかった。大学の体育会もサークルも、車いすの三木を受け入れてくれなかったのだ。

「いまだったらそんなことはないと思いますが、車いすで（健常者と）一緒にできるの？　という感じでした。一緒にできる方法ではなくできない理由を探されているのがわかったので、大学で練習するのは諦めました」

二〇一〇年に開催されたダンロップ神戸オープンという車いすテニスの大会で、その後の三木の人生を大きく変える出会いがあった。

「自分はランキングがなかったので本来は出場できなかったのですが、周りの人たちから試合を体験しておいたほうがいいと勧められて、ワイルド・カード（主催者推薦枠）でセカンド・クラスに出場させてもらったのです。車いすを動かしながらボールを打つのがまだ難しい状態でしたが、唯一打てたのがサーブでした。サーブは車いすを止めた状態で打ちますからね。僕は健常から車いすになって間もなかったので、当時の車いすテニスの世界では考えられないぐらい速いサーブを打てたのです」

その三木のサーブに熱い視線を送っている人物がいた。

「君、いいものもってるから、パラリンピックを目指してみたら面白いかもしれないよ。やる気があるならＴＴＣを紹介するから連絡して」

声の主は、病室で三木の目を釘付けにした国枝慎吾その人だった。

「あっ、はい、行きます！」

三木は、即答していた。ロンドンパラの開催まで、わずか二年というタイミングだった。

プロスポーツの世界

果たして、こんなドラマのような出会いが本当にあったのかどうか、国枝慎吾のマネジメントを行なっているＩＭＧ（インターナショナル・マネジメント・グループ）の東京支社（港区六本木）で、国枝本人に確かめてみることにした。

ちなみにＩＭＧはニューヨークに本部をもち、テニス、ゴルフ、フィギュアスケート、卓球などのトップ・アスリートのマネジメントを行なうと同時に、世界各地で八〇〇以上のエンターテインメント、スポーツ、ファッションなどのイベントを運営し、さらには独自に制作したスポーツ・コンテンツを配信するグローバル企業である。

日本人では、松岡修造、錦織圭、大坂なおみ、上地結衣《かみじゆい》（車いすテニス）、宮里美香（ゴルフ）、浅田真央、宮原知子《さとこ》（フィギュアスケート）、石川佳純《かすみ》（卓球）などがＩＭＧと契約を結んでいる。

まさに〝錚々《そうそう》たる顔ぶれ〟としか言いようがないが、トップ・アスリートたちの活動はこうしたグローバル企業によって支えられているのであり、こうした世界が個々の選手たちの稼ぎ出すお金によって成り立っているのかと思うと、スポーツやアスリートという言葉が違った色彩を帯《お》びて感じられる。

ＩＭＧのオフィスで会った国枝は、四大大会で四二回の優勝（シングルス二二回、ダブルス二〇回）という圧倒的な戦績を誇る世界王者でありながら、驚くほど謙虚な人物だった。

「三木君とそういう会話をしたのは、間違いありません」

オペラ歌手のように張りのある低音で、国枝が言う。三木のどこが目を引いたのだろうか。

「あのとき、三木君はひとつ下のクラス（セカンド・クラス）に出ていて、たしか決勝までいったのではないでしょうか。彼の試合を見て、単純に世界のトップを狙えるポテンシャルがあると思ったのです。世界ランキングで上位の選手に交じっても、遜色《そんしょく》のないサーブを打っていましたしね。一緒にロンドンを目指せばまだ間に合うと思ったし、パラを目指してやらないともったいないんじゃないかと思って声をかけました」

高校三年から車いすに乗るようになった三木は、チェアワークに苦労しているように見えた。その点、九歳から車いすに乗っている国枝とは、大きな差があるように思うのだが……。

「僕は一一歳のときに楽しみのひとつとしてテニスを始めましたが、三木君は健常者としてテニスを経験してから車いすに乗ったわけで、たしかに背景は違います。でも、チェアワークの上手い下手って、車いすに乗せた瞬間に一発でわかるものなんです。三木君の動きを見て、チェアワークもまったく問題ないと僕は思いました」

国枝の誘いに即答した三木は、両親を説得するため地元の島根に帰省することになる。

両親へのプレゼン

二〇一〇年五月。

「ちょっと話があるから、帰るね」

三木から連絡を受けた母親の直実は、千葉のＴＴＣに行きたいという話であることを、ある程度予想していた。

「国枝さんから声をかけられて、行きたいと返事をしたことは本人から聞いていたので、たぶんその話だろうなと思っていました」

実は、神戸のクラブの存在を調べてそこで練習することを三木に勧めたのは、父親の整だった。整は三木が入院中に、同じ病棟に入院している子どもたちから慕われている様子を見て、三木は理学療法士に向いているのではないかと考えていた。その一方で、人工関節の手術を受けると、理学療法士として施術をする際の障がいになることもあるから、将来理学療法士として生きていくのも大変なことだろうと、不安に思っていたのである。車いすテニスは、趣味のひとつとしてなら全面的に支援をするが、それで生活の糧《かて》を稼ぐなどということは、およそ想像できないことであった。

では、当の三木はどこまで覚悟をしていたのだろうか。

「国枝さんから話をもらって、『行きます』と即答しましたけれど、葛藤が後からきました。理学療法士の勉強と車いすテニスと文武両道でいけないかなと思って、大学に相談に行きました」

事情を話して今後のカリキュラムを見せてもらうと、徐々に実習が多くなり、やがて午前も午後もびっしりと授業が入ることがわかった。理学療法士になるのも、決して楽な道ではないのだ。

「大学の先生たちと話しているうちに、どうすればいいかわからなくなってボロボロ泣いてしまいました」

ある教授は理学療法士になりたいという動機もしっかりしているし、成績もいいのにやめるのはもったいない。パラリンピックに出られたとしてそれがいったい何になるのか？　と言った。別の教授は、理学療法士は何歳からでも目指せるがスポーツ選手は〝賞味期限〟がある、自分のなかで答えは出ているのだろう？　と言った。

「たぶん、顔に『パラやりたい』って書いてあったんでしょうね」

島根の実家に戻る際、三木はパソコンでつくった数枚の〝プレゼン資料〟を携《たずさ》えていた。タイトルは「パラリンピックを目指す」。パラを目指すために大学を休学すること、遠征やレッスン費用の概算などをしたためた。実家のリビングで両親を前にして、三木はいかにも一大決心を発表するという形相になった。しかし、プレゼン資料のタイトルを見た瞬間、整が言った。

「ダメだろう、これ。お前、何を言ってるんだ」

「なんでわかってくれないんだよ」

父と子のあいだで、激しい言葉の応酬《おうしゅう》が始まった。

こう書くと、整がいかにも不寛容な父親のように見えるかもしれないが、整は三木を通して車いすテニスの関係者と接するうちに、車いすテニス・プレーヤーの多くが確固とした職業をもっていること、生活に余裕のある人が多いことなどを感じていたのだ。障害等級の低い三木は障害年金の額も少ないから、手堅い職業に就かなければ、将来自立して生きていけるかどうかすらわからない。

「お金はかかるけど、どうしてもパラやりたい」

「ダメだ！」

父親と息子の諍《いさか》いに終止符を打ったのは、母親だった。

「だったらあなたと別れて、私がひとりで息子を支えます」

痛烈なひと言に、男ふたりはポカンと口を開けてしまったという。直実はいったい、どんな心境だったのだろうか。

「実は私、拓也がパラをやりたいと言い出したとき、これだ！　と思ったのです。自分の殻を破って飛び出していくには、これしかないと思ったのです。もう、行ってらっしゃい！　という気持ちでした。だから、あんなことを言ってしまったのです」

直実によれば、三木はどんな環境に放り込まれてもすぐに友達をつくれる反面、対人的にあまりにも無防備なため、いじめられることも多かったという。

「拓也があるとき、自分を肯定できることがないと言ったことがありました。親から見れば心の優しい、誰に対してもフレンドリーな子ですが、本人の心の中には自分はダメだという気持ちがあったのでしょう」

そうしたマインドをもったまま障がいを負ってしまった三木の将来が、整とは違う意味で、直実は心配だった。

「医師から五年生存率七〇％と言われたとき、夫と私は全力で拓也を守ろうと心に決めました。私は、拓也を失うことも覚悟しましたが、もし病気が治ったら拓也がやりたいと言うことは何でもやらせてあげようと思ったのです。もしもパラを目指すことで拓也が自信をもてるのだったら、前を向いて進んでほしかった。だから、とにかく押そうって思ったんです」

整は、あくまでも将来展望の開けるほうへ誘導するのが親の務めだという考えは変えなかったが、直実のひと言もあって、条件つきで拓也の挑戦を認めることにした。

「ロンドンパラに行けなかったら、パラは諦めて理学療法士の勉強を優先して、テニスは趣味としてやりなさい」

「わかった」

二〇一〇年六月。ロンドンパラまでちょうど二年と二カ月というタイミングで、三木は国枝慎吾のいる千葉のＴＴＣに向かうことになった。

このときのことを、

「生まれて初めて我を通した」

と三木は述懐するのである。

ロンドンパラのセンターコートに立つ

千葉県柏市にあるTTCで一年間のトレーニングを積んだ三木は、二〇一一年四月、初めて国枝に声をかけられたのと同じダンロップ神戸オープンのメイン・ドロー（トップ一六人によるトーナメント戦）に、第四シードで参加した。順調に勝ち進んだ三木は、なんと決勝で第一シードの国枝と対戦することになった。国枝の世界ランクは一位、三木の世界ランクは七二位だった。三木が言う。

「ファーストセットは完全に飲まれてしまって、たったの二、三〇分で取られてしまいました。これじゃダメだなと思って、ベンチでテニスノートを開いたんです」

テニスノートとは、三木が書き続けているテニスに関する記録であり、日記である。

「そうしたら、ロンドンとかトップとかメダルといった言葉が目に飛び込んできたのです。『こりゃいったい何だ？　自分はまだ何も出し切ってないじゃないか、やれるだけのことをやろうぜ』と自分に言い聞かせました」

開き直った三木は、ようやく土俵に上がった気分になった。セカンドセットでは得意のサーブを思い切って打ち、当時、車いすテニスでは珍しかったネット際まで出る戦術も試した。しかし、結果はストレート負け。

「全力を出し切ったのに、こんだけ違うんだって思いましたね」

ロンドンパラには、開催年である二〇一二年五月のジャパンオープンまでに国内で四位に入らなければ出場できなかった。二〇一一年一〇月の段階で、三木の成績は国内五位。国枝、齋《さい》田悟司《だ さと し》、眞田卓《さな だ たかし》はほぼ当確であり、残りの一枠を三木と藤本佳伸《よしのぶ》、そして本間正広の三人が争う展開となったが、三木は辛くも代表の座を獲得することができた。

「決まった日に、高熱を出してしまいました（笑）」

それほど、際どい状況だったのである。

ともあれ、ロンドンパラへの切符を手にした三木と家族は沸き立った。そしてもうひとり、三木の出場を心から祝福している人物がいた。三木が理学療法士の夢を抱くきっかけになった、石崎文久である。ロンドンへ応援に向かう三木の家族が、出雲市駅から特急・サンライズ出雲に乗り込むとき、見送りに来た石崎は三木への手紙を家族に託した。

「三木君がロンドンに行くことが決まったとき、主治医と私と数名の職員で寄附金を募りました。出雲市駅には激励の手紙をもっていったのですが、彼の活躍は私にとってもとても嬉しいことでした」

実は、石崎には島根県から初めてパラリンピックに参加した浜村敏弘《とし ひろ》という水泳選手に帯同して、シドニーパラに行った経験があったのだ。

「浜村選手は、下半身の対麻痺《つい》でした。彼も三木君と同じで自暴自棄になった時期があったようですが、パラへの出場が決まったとき、むしろこういう体になってよかったのかもしれないと言っていました。三木君にもそんな思いがあったかもしれませんね」

　ロンドン――。

　三木はシングルスの初戦で、イギリスの若手、ゴードン・レイドと対戦することになった。世界ランキングで格上の、しかも地元選手である。センターコートを五〇〇〇人の大観衆が取り囲んだ。

「僕は目標を設定すると、その目標を強烈に意識するタイプなんです。ロンドンパラのときの目標は、ひと言で言って『出ること』でした」

　この、目標を強く意識する性格が裏目に出てしまった。

「実は、開会式のフィナーレの花火を見た瞬間に、ああ出場できたんだと思って満足してしまったんです」

　気づいたときにはストレート負けを喫《きっ》していた。試合内容はほとんど覚えていない。試合用の車いすをストレージ（車いす置き場）に置きに行ったとき、家族やコーチの顔が脳裡《のうり》に浮かんだ。

「これじゃ、日本に帰れないな」

　こう思い直してようやく自分を取り戻すことができた三木は、眞田卓と組んだダブルスで踏ん張りを見せ、ベスト8入りを果たす。憧れの国枝慎吾は、北京パラに続きシングルスで二連覇を達成した。

「生で国枝さんが金を取るところを見たんです。いいなー、やっぱりあそこに上がりたいなと思いました」

では、三木の両親はロンドンパラを見て、どのような感想を抱いたのだろうか。直実が言う。

「ロンドンは観客が多くて、その真ん中で拓也がテニスをやっている姿を見て、もう胸がいっぱいで言葉になりませんでした。結果なんてどうでもよかった。ともかく、病気を乗り越えて、生かされているんだっていう喜びを感じてくれたら、それだけで大成功だと思いました」

整は、三木の言葉を借りれば「ロンドン以降、手のひらを返したように」協力的になったという。

「ロンドンが終わったら、鬱陶《うっとう》しいぐらい対戦相手のデータとか送ってくれるようになりました（笑）。車いすテニスを続けてもいいけれど、いつまでも支援できるわけじゃない。資金調達も自分でやれるだけやってみろと言われました」

三木にとっても三木家にとっても、ロンドンパラは大きな出来事だったのだ。

三木はロンドンパラの後、休学期間の限度を超えてしまったこともあって神戸学院大学を中途退学し、車いすテニスに専念することを決意するのである。

パラで食べていく

再び、ＩＭＧのオフィスに戻ろう。

国枝慎吾は二〇〇九年四月、二五歳のときに記者会見を開いてプロ宣言をしている。なぜそのタイミングでプロ宣言をしたのだろうか。

「実を言うと、北京パラ直前の二〇〇八年の五月か六月だったと思いますが、ＩＭＧでプレゼンをしてマネジメントをしてほしいと依頼したことがあるのです」

当時の国枝は、すでに全豪オープン、全仏オープン、ウインブルドン（ダブルス）、全米オープンで優勝を飾っており、誰もが認める世界王者だった。

「たしかに僕は世界で一位でしたが、その僕がプロ宣言をして生活できないということになったら、誰もパラで食っていこうと思うヤツは出てこないだろうと思っていました。だから他の選手のためにも失敗できない、責任は重いと感じていました」

ＩＭＧとの話し合いの後に国枝が出した答えは、八月の北京パラで金メダルが取れたら、正式にマネジメントを依頼するというものだった。

「北京パラで金が取れたら、プロとしてやっていけるかどうかという予測も大きく変わってくると思ったので、ＩＭＧに『金メダルを取ったらまた来ます』と伝えたことを覚えています。

いずれにせよ、北京で金を取れなかったらプロ宣言はなかったと思います」

そして国枝は、見事、北京パラで金を取ってプロ宣言を果たした。その国枝の活躍ぶりを、病室で三木が見ていたことはすでに触れたとおりである。

なぜ、国枝はプロ宣言をしたのか。いや、しなければならなかったのだろうか。プロになる前の国枝は、大学の職員という安定した地位を手にしていた。テニスでも十分すぎる結果を出しており、大学職員というポジションがテニスの邪魔をしていたとは考えられない。

「毎月給料をもらって出張扱いでトーナメントに参加させてもらっていたわけで、何の不自由もありませんでした。でも、大学職員としてどんな能力があるかといったら、たいした仕事はできないわけです。午前中一杯テニスの練習をして午後だけ出勤してきて、しょっちゅう遠征に行ってしまう人間にどれだけの仕事を任せられるかといったら、なかなか難しいですよね」

テニス・プレーヤーの多くが三〇代で引退する。二五歳の国枝は、三〇歳になるまでの五年間をどう過ごすかを考え、悩んだ。

「仮に三〇歳で引退するとして、その時点で、実質的に新入社員と変わらない仕事しかできなければ、大学に迷惑をかけてしまうことになるかもしれません。だったら、思い切ってプロに転向したほうがいいのではないかと。もちろんプロになれば結果を出し続けなくてはならないわけで、それができるかどうかは未知数でしたけれど……」

国枝はパイオニアとしての使命感を強烈にもちながら、一方で自身の未来像をリアルに考え、悩んだ末にプロ宣言をしていた。

「サラリーマンとして働きながらテニスをやっていくことは決して悪いことではなくて、精神的には楽な面もあると思います。プロは結果がすべてですから、負ければスポンサー契約を切られてしまう可能性がある。だからこそ僕は、テニスに関してはまったくケチらずにお金を注ぎ込んできたのです。自分に投資したものは、必ず自分に返ってきますから」

三木は神戸学院大学を退学した後、二〇一三年に全日本選抜車いすテニスマスターズで優勝。シドニーの大会で世界のトップ10のうちふたりを破って、トップ８入りを果たした。二〇一四年には全仏オープンに初出場し、初戦敗退ながらグランドスラム出場という夢をかなえている。

プロフェッショナルの条件

この間、三木はトヨタ自動車に入社するのだが、同時に、国枝のようにプロとして生きていく道も意識し始めたという。

「周囲のサポートもあって全仏オープンに出られたとき、やっぱりこういう大会に出場し続けることに価値があるんだと思いました。僕らは国枝さんたちの次の世代だから、日本の車いすテニスのいい流れを終わらせてはいけないんだと。グランドスラムすべてに出場して、しかも定着することができたら、プロという道を考えてもいいと思いました」

そう考え始めた矢先に、全米オープンから招待状が届いた。だが……。

「よし、グランドスラム二大会目だ！　というタイミングで、肩を痛めてしまったんです。足の次は肩かよって思いましたね」

全米オープンへの参加は断念せざるを得なかった。得意のサーブもまともに打てない状態が続いたが、「これで終わりたくない」という気持ちだけでギリギリ世界のトップ10を維持し、二〇一六年のリオデジャネイロパラリンピックへの参加を果たした。

結果は、シングルスでベスト8、ダブルスでは眞田卓とペアを組み、三位決定戦で国枝・齋田ペアと対戦。ストレート負けを喫したものの、日本人ペア同士の激突という好カードの一角を担った。

二〇一七年にはニュージーランド、韓国、ポーランド、アメリカ、カナダなどのトーナメントでいくつもの優勝をさらったが、一一月、オランダの大会に参加中、今度は車いすを搬送する機械の故障が原因の事故で腰を痛めてしまい、二〇一八年は世界ランキングがない状態が続いた。好成績が続くと故障に見舞われるのは、なぜだろうか。

「僕はまだ（グランドスラムやパラリンピックで）タイトルもメダルも取れていないから、焦りがあるんです。でも、練習さえしていれば不安が消えるので、どうしても練習をしすぎてしまう。オーバーワーク症候群と言うそうですが、そういう状態のときは自分の体の状態がわからなくなってしまうのです」

それが故障や事故につながるのではないかと、三木は分析している。三木の生真面目な性格が招き寄せる事態だと言ってもいいだろう。

三木はやはり、プロを目指したいのだろうか。

「プロは商品にならなくてはいけないし、その商品が売れなくては意味がないと思います。もしも東京パラでメダルに絡めれば、中途障がい者で、挫折もしながら、この年齢でメダルを取れましたっていう商品価値を出せるのかもしれません。でも本来、アスリートの価値って結果だけだと思うんです。中途障がい云々《うんぬん》は前面に出すべきものではなくて、オプションにすぎない。そういう意味で僕には、やっぱりタイトルが必要なんです」

三木は障がいを負わなければ、プレーヤーとしての成功を夢見ることも、パラリンピックという大舞台の魔力に取りつかれることもなかったかもしれない。三木がこのまま、グランドスラムやパラリンピックの覇者として名前を残せなかったら、障がいを負ったことはやはり不幸な出来事になってしまうのだろうか。

直実はこう語ってくれた。

「障がいを負ったことで、拓也は初めて我を通して大きな進路を自分自身で決めました。もしもそれがなかったら、テニスのコーチにはなれたかもしれないけれど、自信のなさを引きずったままの人生だったかもしれません。拓也は障がいをきっかけに自分の殻を破って、思い切り力を出し切って生きるようになりました。彼にとって障がいは生きる力になっていると私は思います」

整も、病を得たことで三木が人間的に大きく成長したこと、そしてすでに「多くの部分で親を超えている」ことを認めているそうである。

取材の最後に、国枝のことをどう思っているのか三木に尋ねてみた。

「正直言って、あの人ハードル上げすぎだよって思っている人、めちゃくちゃ多いと思いますよ」

この言葉を国枝に伝えると、

「僕は誰よりも負けず嫌いだから、まだまだ降りる気はないよ」

との返事であった。

負けるな、三木拓也！

ローポインター

日本代表として国際大会に出場する藤澤潔選手（中央）

車いすバスケ選手

藤澤 潔

ふじさわ・きよし

1986年、長野県生まれ。埼玉ライオンズ／コロプラ所属。5歳のとき、跳び箱から落ちて脊髄《せきずい》を損傷し、車いすの生活となる。中学2年で体験会への参加をきっかけに車いすバスケットボールを開始。高校1年のとき、本格的に車いすバスケを始め、2005年、世界ジュニア選手権大会への出場をきっかけにパラリンピックを目指し始める。12年、長野WBCから埼玉ライオンズに移籍。14年、北九州チャンピオンズカップ出場。15年、リオデジャネイロパラリンピック予選であるIWBFアジアオセアニアチャンピオンシップ男子日本代表。16年、リオパラリンピック男子日本代表。

パラスポーツの花形

不敵な髭面《ひげづら》に、サイドだけを刈り上げたベリーショートスタイルの髪型。車いすバスケットボールの強豪チーム「埼玉ライオンズ」に所属する藤澤潔（三一歳）は、リオパラリンピックに出場した日本を代表する車いすバスケの選手であると同時に、その〝ちょいワル風〟の風貌が女性誌でフィーチャーされるほどの人気選手でもある。

二〇一八年五月一九日、二〇日の両日、東京都調布市にある武蔵野の森総合スポーツプラザで開催された天皇杯第四六回日本車いすバスケットボール選手権大会。この大会は、国内における車いすバスケの最高峰の大会であると同時に、今年は二重の意味で特別な大会だった。

ひとつは、この年から優勝チームに天皇杯が下賜《かし》されることになったこと、もうひとつは会場の武蔵野の森総合スポーツプラザが、二〇二〇年の東京パラリンピックで車いすバスケの試合会場に決定したことである。

私は車いすバスケの試合を観るのは初めてだったが、パラスポーツの花形と呼ばれる車いすバスケはさすがに競技レベルも人気も高く、これまで観てきたいくつかのパラスポーツの大会との〝格の違い〟を感じずにはおれなかった。

アリーナの入り口では、スポンサー企業による車いすバスケの体験コーナーが設けられていた。ひとつは三菱電機のブースで、こちらは競技用の車いすに乗ってシュートを実体験するもの。もうひとつはサントリーのブースで、やはり競技用の車いすに乗りVRのヘッドセットを着けて車いすバスケの試合を仮想体験するものだ。

体験コーナーを通り抜けるとアリーナ席があり、その真ん中にメインアリーナがある。DJ風のスポーツMCが選手紹介や実況を担当し、試合が中断すると大音量でダンサブルな音楽が流れる。巨大な液晶パネルに観客の顔を映し出していく演出は、以前平昌《ピョンチャン》パラで観たパライスホッケーの試合とよく似ている。

ハーフタイムにはBリーグ（プロのバスケットリーグ）の「名古屋ダイヤモンドドルフィンズ」のチアリーダーによるハーフタイムショーも披露《ひろう》され、この大会が障がい者のリハビリテーションの延長上に位置する特殊な大会ではなく、あくまでも一般のスポーツ大会と同じ大会であることを象徴しているようだった。試合内容も文句なしにそれを裏打ちするレベルであり、エンターテインメントとしても一級品であることは間違いなかった。

午前中に開催された一回戦の段階で、アリーナ席のほぼ半分が、二階席も三分の一ほどが埋まっていた。車いすバスケはパラスポーツのなかで〝客を呼べる〟数少ない種目のひとつであり、それゆえに独特の緊張感が漂う世界でもあった。

タンゴを踊るような車いすさばき

二〇一八年五月一九日、一二時一五分。サブ・アリーナで始まった「埼玉ライオンズ」対「福岡ｂｒｅｅｚ」の試合会場で藤澤潔の姿を探した。

背番号一一番をつけた藤澤は、二階席から見ても、上体も二の腕も異様に太いのがわかる。車いすバスケの選手には上体ががっしりした選手が多く、それはおそらく麻痺して動かないか、あるいは切断してしまった下肢《かし》の機能を上体の筋力でカバーするためにそうなっているのだろうが、藤澤の胸板の厚さは群を抜いている。

試合は、終始埼玉ライオンズがリードする形で進んでいった。車いすバスケ初心者である私がまず驚いたのは、車いすのスピードの速さと選手たちの巧みな車いすさばき（チェアスキル）、そして衝突の激しさだ。

シュートが決まって自陣に戻るときのスピードは、おそらく健常者バスケの比ではないだろう。車いすマラソンの記録が健常者のマラソンよりもはるかに速い（世界記録は一時間二〇分一四秒）のと同じ理屈で、スピードに乗った車いすの動きは猛烈に速い。ディフェンスのスタイルも独特で、ちょうどタンゴでも踊るように、車いすをその場でくるくると方向転換させながら敵方の走路を妨害している。

スピードが出るだけに衝突の際の衝撃も強く、横転したり、前方に倒れ込んでしまう選手が続出し、そのたびに会場からドッと歓声が湧き上がる。こうした激しさが車いすバスケの魅力のひとつになっているのだろうが、転倒のときに、プレイヤーが障がい者であることを認識させられるのも事実だ。片脚切断の選手のなかには片脚で立ち上がってひょいと車いすを立て直してしまう選手もいるが、両脚切断や下肢麻痺の選手のなかには、車いすを起こすのに時間がかかる選手もいる。

埼玉ライオンズ対福岡ｂｒｅｅｚの試合で目立っていたのは、なんといっても埼玉のポイントゲッター篠田匡世《まさつぐ》と福岡のポイントゲッター福澤翔《しょう》の激しい競《せ》り合いだ。お互いをピタリとマークし合って、一歩も譲らない。まさにタンゴを踊るペアのようである。

篠田以外で目立っていたのは、坊主頭に紺色の鉢巻きをした赤石竜我《りゅうが》のスピードである。大会の公式パンフレットを見ると、年齢は一七歳。比較的若い選手が多い埼玉ライオンズのなかでも森若知輝《ともき》の一六歳に次ぐ若さだ。

では、藤澤はどうかといえば、アウトサイドからのロングシュートを何本か決めはしたものの、シュートの本数は篠田よりも相当少ないし、動きの機敏さでは若い赤石と同じか、やや劣《おと》るかもしれない。では、なぜわざわざ藤澤を取材対象に定めたのかといえば、それは藤澤が「ローポインター」だからである。ローポインターは車いすバスケの本質を理解するための鍵を握っている存在だと、ある人に教えられたのだ。

持ち点という卓抜な仕組み

ここで、車いすバスケのルールについて簡単に説明をしておきたい。

まず、車いすバスケはコートのサイズもバスケットリングの高さも、使用するボールのサイズも、すべて健常者バスケと同じでリングの高さは床面から三〇五センチである。ただし、車いすのシートは床から五八〜六三センチと決められているから、長身の選手が片側のタイヤを浮かせて（ティルティングという）、精一杯片手を真上に伸ばした状態でも、二メートルに届くか届かないかだろう。

また、健常者バスケにはダブルドリブル、トラベリングというお馴染《なじ》みのルールがあるが、車いすバスケにはダブルドリブルを禁じるルールはない。ただし、ボールを持った状態（ドリブルをしていない状態）で三回以上プッシュする（漕ぐ）とトラベリングの反則を取られる。

試合時間は健常者バスケと同じで、一ピリオドが一〇分。一試合は四ピリオド。第二ピリオドと第三ピリオドのあいだにハーフタイムの休憩が入る。

では、ダブルドリブルがないこと以外に、健常者のバスケットと大きな違いはないのかといえば、決定的な違いがあるのだ。それは、コートの中の車いすを見ればすぐに気がつくことだが、各選手の車いすの背中側にちょうどサイコロの目のような、白い丸が打たれた四角い布がぶら下がっているのだ。白い丸の数は選手によって異なり、ひとつから四つまでの四種類ある。この布は「持ち点ゼッケン」と呼ばれるもので、その名のとおり各選手の持ち点を表している。持ち点はクラスまたはポイントと呼ばれ、その選手の障がいの程度を表している。

ポイントは、一から始まり〇・五刻みで四・五までの八クラス。注意が必要なのは、数字が小さいほうがより障がいが重いということだ。つまり、一のゼッケンをつけている選手が最も重度であり、四のゼッケンをつけている選手が最も軽度なのである（〇・五は表示しない）。

各ポイントの定義を以下に記すが、同じポイントでもより身体能力が高い選手には〇・五ポイントが加算される（日本車いすバスケットボール連盟のＨＰをもとに記述）。

★一・〇、一・五ポイント
腹筋、背筋が機能せず、座位で体のバランスをとることができない
★二・〇、二・五ポイント
腹筋、背筋がある程度機能しており、前傾の姿勢がとれる
★三・〇、三・五ポイント
下肢にわずかな筋力があり、深い前傾姿勢から早く上体を起こすことができる
★四・〇、四・五ポイント
両手を上げて、片方向に（四・五は両方向に）車いすを大きく傾けることができる（筆者注・ティルティングができるということ）

ローポインター

こうしたクラス分けはパラスポーツでは一般的なものだ。陸上でも水泳でもボッチャでも障がいに応じてクラス分けが行なわれており、同じクラスの選手だけで競技を行なうことによって、競技の公平性が保たれている（ボッチャには異なるクラスの混合試合もある）。

しかし、ここからがまさに車いすバスケの本質にかかわる部分なのだが、車いすバスケは同じクラスの選手だけでチームをつくり、同じクラスのチーム同士が戦うわけではないのだ。そうではなくて、コートに入っている五人の選手の持ち点の合計が、一四点以内でなければならないと決められているのである。そして、この独特のルールが、車いすバスケに固有のドラマを生み出していくことになる。

同時にコートに入れる選手の人数は五人だから、一例を挙げれば、

一・〇＋二・〇＋二・五＋四・〇＋四・五＝一四

といった組み合わせが考えられるが、障がいの軽い選手だけを出場させることは原理的にできないのだ。なぜなら、四・五の選手を三人コートに入れようとしても、

四・五＋四・五＋四・五＝一三・五

となり、残りが〇・五ポイントしかなくなってしまうため、五人のチームを編成できないのである。

持ち点が三点台以上、すなわち三〜四・五の選手をハイポインターと呼び、二点台以下の選手をローポインターと呼ぶが、このクラス分けという仕組み、障がいが重い選手にも試合への

出場機会を与えるための仕組みであると同時に、クラブチームの運営にも大きく影響を与えるものだ。

なぜなら、得点力の高いハイポインターばかりを集めても、ハイポインターだけで試合をすることはできないのだ。裏返して言えば、どれだけ優れたローポインターを揃《そろ》えることができるかがチームの実力を大きく左右することになる。

藤澤潔のポイントは、二・〇。つまり彼はローポインターであり、しかも日本を代表するローポインターのひとりなのである。

「障がい」を忘れさせるプレー

五月一九日、一六時五〇分。一回戦で福岡ｂｒｅｅｚを六三対四九で下した埼玉ライオンズは、メインコートで前回の準優勝チーム、「ＮＯ ＥＸＣＵＳＥ」（東京ブロック代表）と対戦することになった。

私はこの日、午前一〇時から行なわれた前回の優勝チーム「宮城ＭＡＸ」対「千葉ホークス」の試合を観戦したが、宮城のハイポインター藤本怜央《れお》の豪快なプレーと、キャプテン豊島《とよしま》英《あきら》の沈着冷静なプレーに圧倒されていた。前回、その宮城ＭＡＸと日本の車いすバスケ史に残る死闘を繰り広げたというＮＯ ＥＸＣＵＳＥ。わが埼玉ライオンズがこの名チームといかなる試合を展開するのか、興味津々《しんしん》であった。

だが……。

試合が始まってみると、埼玉ライオンズの面々は一回戦に比べて明らかに精彩を欠いていた。キャプテン原田翔平の淡々としたプレースタイルは一回戦と変わらなかったが、福岡breez戦であれほどの闘志を見せたハイポインターの篠田匡世がいかにも元気がない。藤澤のロングシュートもミスが多かった。

一方、NO EXCUSEのハイポインター香西《こうざい》宏昭のプレーは、もはや感動的ですらあった。巧みなチェアスキルですするとゴール下に入り込むと、たやすくレイアップシュートを決めてしまう。宮城MAXの藤本は高さとパワーが際立ったが、香西のプレーには優美さがあり、私の目は香西に釘付けになってしまった。

これは後に知ったことだが、宮城MAXの藤本とNO EXCUSEの香西は、車いすバスケ界では知らない人のいないスーパースターであった。リオの日本代表チームの二枚看板であり、ドイツのプロリーグでも活躍しているという。無知を恥じるしかないが、それにしてもこのふたりのプレーには、障がい者という言葉を完全に忘れさせてしまうものがあった。

埼玉ライオンズとNO EXCUSEの試合は、五九対三九でNO EXCUSEの勝利に終わった。試合終了後、藤澤にコメントを求めると、

「こういう（人数の少ない）チームなので、実質五、六人でファイナルまで戦わないといけない

わけですが、二試合目でトーンが落ちたなと思いました」

とのことだった。私もまったく同じ感想をもった。私は藤澤の「すごさ」をいまひとつ実感できないまま、武蔵野の森スポーツプラザを後にすることになったのである。

ちなみに、翌日行なわれた決勝戦は下馬評どおり、宮城MAXとNO EXCUSEの一騎打ちという前回と同じカードになった。初の天皇杯を手中に収めたのは、宮城MAX。残念ながら私は観戦できなかったが、決勝戦を観た編集者の話では、一点を競い合う緊迫したシーソーゲームだったという。

言い訳しないローポインター

にわか車いすバスケファンになった私は、後日、品川区東八潮《ひがしやしお》の船の科学館の隣にオープンした日本財団パラアリーナに、藤澤を訪ねることにした。

このパラアリーナはパラスポーツ専用の体育館であり、完全なバリアフリー構造になっている。バスケットコート二面分のアリーナの壁には、一面に一文字ずつ大きなアルファベットが合計四文字描かれている。端から順番に読んでいくと、G、O、L、D。つまり「金」だ。

エントランスでは練習を終えた香西宏昭や鳥海連志《ちょうかいれんし》（パラ神奈川スポーツクラブ）といった、車いすバスケ界のスター選手たちが談笑していた。東京パラの日本代表候補選手たちが、この年の八月にドイツで開催される世界選手権に向けてこの最新のアリーナで練習を重ねているのだ。藤澤もいまのところ候補選手の一角を占《し》めている。

やがて、車輪がハの字になった競技用の車いすから普通の車いすに乗り換えた藤澤が姿を現した。インタビューをする会議室の名前は、今度はＳＩＬＶＥＲである。

藤澤は、試合会場で見たとおりの不敵な風貌のままだったが、話し方は意外に穏やかで、しかも知的な印象である。国立長野高専の専攻科（理工系の学士）を卒業しているというから、実際、知的な人物なのだ。

藤澤は五歳のとき、保育園の跳び箱で遊んでいて脊髄《せきずい》を圧迫骨折する大怪我を負い、以来、車いす生活を余儀なくされている。損傷部位はＴｈ（胸椎《きょうつい》）の一〇～一二。Ｔｈ一〇はちょうど臍《へそ》のあたりだから、藤澤は臍から下の感覚がまったくなく、臍から上の腹筋をわずかに使える程度だという。

藤澤の起伏の多い来歴は後ほど詳しく触れるが、まず聞きたかったのは、ローポインターという立場についてである。率直に言って、日本選手権では藤本や香西といったハイポインターばかりに目を奪われて、ローポインターの役割がいまひとつよくわからなかった。

「たしかに、一度試合を観ただけではなかなかわからない部分だと思いますが、日本代表レベルになると、ローポインターに求められることはとてもたくさんあるのです。車いすバスケではポイントに差があることをミスマッチと呼びますが、特に海外の選手はミスマッチを突いてくるのがうまく、そういった本質的なことがわからないと、『車いすなのにすごいことやってるね』で終わってしまうのではないでしょうか」

たしかに、いまの私がそうかもしれなかった。〝車いすなのにすごい〟パフォーマンスを見せるハイポインターにばかり感激している。一方のローポインターのことは、言葉は悪いが、一四ポイントの縛りがあるから「試合に出さざるを得ない」存在程度にしか考えていないのだ。


では、藤澤の言うミスマッチとは何なのか。

「たとえば、ハイポインターがローポインターを攻めてくるのもミスマッチのひとつだし、ローポインターがハイポインターの動きを止めるのもミスマッチです」

つまり、敵味方の選手が一対一で対峙したとき、それぞれがもっているポイントに差があることをミスマッチと呼ぶのだ。四ポイントのハイポインターと二ポイントのローポインターが対峙していれば、そこには二ポイントの差が生じている。藤澤の解説を聞くうちに、このミスマッチが車いすバスケの戦術上大きな意味をもつことが少しずつわかってきた。たとえば、車いすバスケ特有の戦術、バックピックにおいてである。

バックピックとは、シュートが決まって攻守が交替するときによく使われる戦術だ。Aチームがシュートを決めると、Bチームは自陣のエンドラインからスローインをすることになるが、Bチームとしては一刻も早くAチームの陣地に殺到して攻撃態勢をつくりたい。その流れを阻害するのがバックピックだ。

たとえば、Aチームの選手がBチームの陣地内でひとりのBチームの選手をブロックして動きを止めると、Bチームは四人で攻撃しなければならなくなる。ブロックしていたAチームの選手がブロックを解《と》いて自陣に走れば、短い時間ではあるが、四人対五人という「数的優位」の状況をつくり出すことができる。車いすの場合、特定の箇所に車いすを接触させることによって、相手の動きを完全に封じてしまうことができるのだ。

さらにこのとき、ブロックされたBチームの選手のポイントが仮に四ポイントで、ブロックしたAチームの選手のポイントが二ポイントだったとすると、そこに二ポイントの差＝ミスマッチが生じる。つまり、Bチームの攻撃力は一四－四＝一〇となり、Aチームは数的優位以上のアドバンテージを手にすることができるわけだ。

言い換えれば、ローポインターがハイポインターの動きを封じることには、一対一以上の価値があるということになる。藤澤が言う。

「ローポインターがハイポインターに対して絶対的に不利になるのは、ゴール下だけです。ゴール下ではビッグマンのハイポインターの高さには、絶対に届かない。でも、ゴール下以外ではローポインターがハイポインターを止めることもできるし、敵のハイポインターを引きつけて味方のハイポインターにシュートを打つスペースをつくってやることもできるのです」

つまり、試合中にミスマッチを多くつくり出すことによって、ローポインターは自身の障がいの重さに、いわば〝付加価値〟をもたせることができるわけだ。

さらに藤澤には、一般的なローポインターにはない武器がある。それは精度の高い3ポイントシュート（3点シュート）が打てることである。一般的なローポインターの最も重要な役割は、味方のハイポインターがシュートを打ちやすい状況をつくり出すことだが、自らシュートを決める力をもっている藤澤は、相手チームにとってこの上ない脅威となる。

コート内の〝弱者〟であるローポインターがボールを持っていれば、敵はそこを集中的に攻撃してくる。一般的なローポインターは敵を引きつけるだけ引きつけたところで味方のハイポインターにパスを出すわけだが、藤澤はパスを出すと見せかけて、自らシュートを打ってしまうことができる。「日本代表レベルのローポインターには、求められることがたくさんある」と言う藤澤の言葉には、こうした含意《がんい》があったのだ。

「僕はシュートを決められなかったら、代表には呼ばれません。だから、シュートを決めるしかないんです」

私は、得点力の高いハイポインターにとって、ローポインターという存在は、本音では「足手まとい」であり、一方、ローポインターにとってハイポインターとは「障がいが軽いから得点できるだけ」の存在ではないかと勘繰《かんぐ》っていた。しかし、両者のあいだにはリスペクトが存在していると藤澤は言うのだ。ただしそれには、

「常にお互いを納得させるプレーをしていること」

が前提となる。

「僕は障がい者であること、ローポインターであることを言い訳にしたくないし、できないんです」

後日、埼玉ライオンズのキャプテン原田翔平に、「車いすバスケの本質」について話を聞く機会があった。

原田は四四回、四五回と二年連続で日本選手権のオールスター5（野球のベスト9と同じ）に選ばれた名選手であり、ポイントは一・○。藤澤よりも重い障がいを抱えたローポインターであり胸から下の筋肉をまったく使えないが、腕の力だけで放つライナーシュートで3ポイントを決めるという高度なテクニックの持ち主である。

「車いすバスケと健常者のバスケって、似て非なるものなんですよ」

原田は即座に、その理由を三つ挙げてみせた。

①障がいのある選手がプレーしていること

②しかも、障がいには重い軽いがあること

③さらに、障がいの重い選手と軽い選手の組み合わせによってチームが編成されていること

これらからどのような特色が生まれるのかといえば、

「車いすバスケでは、各選手に与えられる役割が健常者のバスケよりもはるかに明確なのです」

つまり……。

「一本のシュートにも必ず理由がある、ということです」

ハイポインターが一本のシュートを放つ背後には、必ずローポインターのアシストがある。ローポインターが一本のシュートを放つ背後には、必ず障がいごとに異なる固有のテクニックがある。それが、車いすバスケの本質であり、見どころだと原田は言う。

藤澤は、現在のパラブームが一過性のお祭り騒ぎで終わってしまうことを危惧していた。原田が微笑を浮かべながら言った。

「試合を観て気づいてもらえるのが一番いいのですが、車いすバスケって、言葉で説明しないとわかってもらえないことが多いんですよね」

世界トップレベルに近づいた日本の実力

二〇一八年六月一〇日、小雨が降りしきるなか、「三菱電機ワールドチャレンジカップ2018」の会場、武蔵野の森総合スポーツプラザに足を運んだ。京王線飛《とび》田《た》給《きゅう》駅から試合会場に続く道には、観客らしき人々が、大勢とは言わないが少なくない人数歩いており、車いすバスケの認知度の高さを物語っていた。

六月八日にスタートしたこの大会には、オーストラリア、カナダ、ドイツ、日本の四カ国が参加しており、日本代表は予選リーグで三戦全勝して、この日、オーストラリアとの決勝戦に臨むことになったのである。

オーストラリアは前年のこの大会の覇者であり、リオパラリンピックでも六位に入賞した強豪である。ちなみにリオパラの車いすバスケの順位は、金メダル・アメリカ、銀メダル・スペイン、銅メダル・イギリス、以下、四位トルコ、五位ブラジル、六位オーストラリア、七位オランダ、八位ドイツ、九位日本、一〇位イラン、一一位カナダ、一二位アルジェリアの順である。

日本の男子はリオで一一大会連続出場（通算一二回）を達成したものの、メダル獲得の経験は一度もなく、最高順位はソウルパラと北京パラの七位。オーストラリアのみならず、今大会の予選リーグで勝利したドイツも格上の存在であり、カナダもリオパラこそ振るわなかったものの、二〇〇〇年のシドニー、二〇〇四年のアテネ、二〇一二年のロンドンで金メダルという実績を誇っている。

こうした世界の強豪を相手にしての決勝進出は、自国開催という利点を差し引いても、日本の車いすバスケの実力が世界のトップレベルに近づきつつあることの証《あかし》であると言っていいだろう。

前回王者を相手に二度勝利

一六時一五分、決勝戦がスタートした。

客席は半分近く埋まっている。一部有料のアリーナ席はほぼ満席。私は二階席に陣取ったが、観客の多くがスポーツMCの掛け声に合わせて、スペシャルパートナーの三菱電機が配ったバルーンスティックを打ち鳴らしながら、「ニッポン、ニッポン」の大声援を送っている。

藤澤は背番号一一を背負い、スターティングメンバーのひとりとして出場した。その他のスタメンは豊島英（二・〇）、鳥海連志（二・五）、香西宏昭（三・五）、村上直弘（四・〇）という顔ぶれ。日本を代表するトッププレーヤーばかりである。

ちなみにこの大会に日本代表としてエントリーしている一二人の年齢を見てみると、最年長が藤本怜央の三四歳で、三一歳の藤澤は藤本に次いで上から二番目。スタメンのひとりで古澤拓也（三・〇）とともに若手のホープと目《もく》される鳥海連志は、実に一九歳という若さである。この年齢差を考えただけでも、二年後の東京パラへの出場が藤澤にとっていかに狭き門であるかがわかる。

第一ピリオド、日本は一八対一四とリードを奪った。オーストラリアには長身の選手が多くパワーもスピードもあるが、日本のディフェンスがよく利《き》いて、オーストラリアは苦しい姿勢からシュートを打つ選手が多かった。

藤澤は第二ピリオドにも出場してシュートも決めたが、日本は二八対三〇と逆転を許してしまう。

一五分のハーフタイムをはさんでの第三ピリオド。鳥海が鮮やかな3ポイントシュートを決め、豊島英もフリースローを二本きっちり決めるなど、藤澤と同じローポインターたちの活躍が光った。そして、第三ピリオド終了の四〇秒前、藤本怜央のシュートで五一対四八と日本が再び逆転。試合は完全なシーソーゲームの様相を呈《てい》してきた。

そして迎えた第四ピリオド、場内の大声援に応えるように、藤本とともに日本の二枚看板と呼ばれる香西宏昭が奮起。常にポーカーフェイスの豊島も珍しく闘志をむき出しにしたプレーを展開し、このふたりだけで実に一四得点を叩き出してオーストラリアを突き放した。

結果は六五対五六で日本の勝ち。公式戦ではほとんど勝ったことのないオーストラリアを相手に、予選と決勝戦で二度勝利するという快挙を成し遂げたのである。

決勝戦での藤澤は出場時間こそ長かったものの、放ったシュートはわずかに二本。得意の3ポイントシュートを打つ姿は最後まで見られなかった。もちろん、ディフェンスやアシストとして活躍していたのだろうが、藤澤がライバルと目す同じ二・〇ポイントの豊島の活躍が華々しかっただけに、少々歯がゆい感じが残った。

車いすって意外に面白い

藤澤が車いす生活を送ることになった原因は、地元長野市の保育園での怪我である。跳び箱を一段、二段、三段と三つ並べて低いほうから順番に飛んで行き、最後の三段のときだけ飛び越えた後にわざとお尻でドスンと着地する。そんな遊びが保育園の年長のときに流行っていた。

藤澤は友達と同じようにこの遊びをやっていただけなのに、何度目かにお尻で着地したとき、なぜか腰のあたりに激しい痛みを感じた。泣きながら保育士に訴えると、保育士が地元の病院へ連れていってくれた。診断は単なる尾骶骨《びていこつ》の打撲。その日は家に帰って、痛み止めを飲んで昼寝をした。藤澤が言う。

「昼寝から起きたとき、母親が僕の足を触ったのですが何も感じない。僕はもともとすごいくすぐったがりだったので、これはおかしいとなったのです」

すぐさま長野赤十字病院に向かうと、脊髄損傷の疑いで即日入院となり二週間の絶対安静を強《し》いられた。その後、信州大学医学部附属病院に転院して精密検査を受け、脊髄損傷の診断が確定。あれよあれよという間に、車いすを使ったリハビリテーションを始めることになってしまった。

こうした経過を聞いていると、誰もが突然に、そして思いもよらない形で障がいを負う可能性があることを如実に感じる。わが子が突然、生涯車いす生活を送らねばならないことを宣告された親の衝撃はいかほどかと思うが、藤澤自身はよくも悪くもまだ五歳だった。

「医者から、『ずっと車いすになるよ』と言われた記憶はありますが、一生歩けないということはよく理解できませんでした。車いすに初めて乗ったときは、意外に面白いじゃん、みたいな感覚でしたね」

車いす生活になったことを藤澤がことさら悲惨だと思わなかったのには、五歳という年齢もさることながら、陽気でお祭り好きな母親の存在も大きかった。

「当時、母は町役場に勤めていました。僕が生まれた七月二六日は豊野町《とよのまち》（現・長野県長野市豊野地区）で第一回目のヨイショコ祭りが行なわれた日で、母はこの祭りに強い思い入れをもっていたらしく、僕の名前を〝祭〟にしようと思っていたというんです（笑）」

このイベント好きな母親の性格が、その後の藤澤の人生に大きな影響を与えていくことになるのだが、ともあれ、車いす生活を送ることになった藤澤は、そのことを特段苦にすることもなく、数カ月間のリハビリ生活を経《へ》て同じ保育園に復帰して卒園している。

小学校は長野市立豊野東小学校に進んだ。普通校に通わせたいという親の意向が強かったようだが、当時の校長も車いすの児童と健常の児童が一緒に生活することに積極的な意味を見出していたらしい。

「いまから二〇年も前のことですから、バリアフリーなんて言葉すらない時代です。校舎は三階建てで一年生と二年生の教室は一階にありましたが、エレベーターがなかったので、二階の図書館に行くときは先生におんぶしてもらっていました。教室が上の階になる三年生のときに予算を組んでくれたらしく、エレベーターが新設されました。あんな田舎町の小学校で、たったひとりの児童のためによくぞあそこまでやってくれたなと思います」

小学校時代の藤澤は人前に出るのが好きで、児童会長まで務めたという。授業もすべて健常の子と同じことをやり、水泳も得意。放課後は、近所の友達と毎日のようにお互いの家を行き来していた。

「後になって、車いすで人前に出るのは嫌だなと思った時期もありましたけれど、当時は健常者と違いがあると思ったことはほとんどありませんでした。友達も潔君は車いすだからという扱いは一切しなかったし変なイジメもなかったので、自分が障がい者だという意識はありませんでした」

衝撃の体験会

豊野東小を卒業した藤澤は、地元の長野市立豊野中学校に進学する。この中学校も、藤澤の受け入れに際してエレベーターを設置してくれるなどの環境整備を積極的にやってくれたという。地元の学校が車いすの生徒の受け入れに積極的でない場合は、養護学校に行くか、すでに設備の整っている他地域の学校に行かざるを得ないケースもあるというから藤澤は幸運だった。

イベント好きの母親は、家の中でゲームばかりやるような子にはなってほしくないと願っていたらしく、藤澤をあちらこちらへ連れ回した。

「長野なので、スキーに連れていってくれたり、雪山で橇《そり》に乗せてくれたりしましたね」

藤澤が中二になったとき、K９というクラブチームが主催する車いすバスケの体験会があることを聞きつけてチラシを持ってきたのも、母親だった。約一カ月間の体験会に参加したが、いろいろな意味で衝撃が大きかったという。

「それまで、自分が障がい者だと意識したことはなかったのですが、同じ車いすの人が大勢いるのを見てショックを受けました。しかも、みなさん一〇歳以上年上で自立している人ばかりだったので、親に何でもやってもらっている自分が恥ずかしいというか……。シュートもぜんぜん入らないので、早く終わってほしいと思いましたね」

これが、その後の人生を大きく左右することになる車いすバスケとのファーストコンタクトだった。高校受験の準備もあって、車いすバスケをやる気にはならなかったが、K９のメンバーは「落ち着いたらまた来いよ」と声をかけてくれた。

高校は、国立長野高専に進学した。進学先の選定には学校側の受け入れ態勢が大きく影響した。豊野中学からいくつかの高校に打診をしてもらったが、設備が整っていないから受け入れは無理という学校もあった。長野高専は難関校だが、かつて在学中に脊髄損傷になった生徒がいたため、すでに設備の整備が行なわれていたのだ。

この長野高専時代に、なぜか藤澤は、本格的に車いすバスケに取り組むようになっていく。

世界レベルに憧れる

高専は本科が五年、専攻科が二年あり、専攻科を卒業すると大卒と同じ資格（学士）がもらえる。藤澤は電子制御科に入学し、生産管理システムという専攻科に進んで学士号を取得している。

K9の練習には、ほぼ入学と同時に参加するようになった。練習は週に二回。当初、学校の送迎を母親に頼んでいたので（後に自分で車を運転して通学）、帰り道の途中に練習会場の体育館に寄ってもらうことにしたのだ。

しかし、始めてみると週に二回の練習では物足りなくなり、ほぼ毎日、自宅近くの体育館で自主練習をするようになった。母親はいったん藤澤を体育館で降ろして自宅に帰り、夕食の支度をしてから九時ごろに迎えに行くという日々を送ることになった。藤澤はなぜ、どちらかといえば不快な第一印象しかなかった車いすバスケにのめり込んでいったのだろう。

「クラブ活動に入らなかったので放課後暇だったこともあって、チーム練習に顔を出してみたのです。すると、体験会のときはお客さん扱いだったのに、今度は怒られてばっかりで、もう悔しくて悔しくて……」

悔しさをバネにするアスリートは多いが、藤澤の場合は少し違う。そしてこの少しの違いこそ、車いすバスケというスポーツの本質にかかわる重要な部分ではないかと私は感じた。

「K9に入るまで、健常者対障がい者という勝負しかしていなかったんですね。自分をことさら障がい者だと意識したことはありませんでしたが、やはり心のどこかに対等な勝負をしていないという気持ちがあったのだと思います。でも、車いすバスケは障がい者同士の対等な戦いです。だから、障がい者であることを言い訳のタネにできない。ここで負けたら、本当の負けだと思ったんです」

おそらく藤澤は、周囲から建前《たてまえ》では対等な扱いを受けながら、実は常に薄い皮膜《ひまく》で包まれるような庇護《ひご》を受け続けてきたのだろう。そのことに、車いすバスケに取り組むことで初めて気づいたのではないか。車いすバスケの世界とは、その皮膜を突き破って闘志をむき出しにし合える、初めての世界だったのではないだろうか。その手応えが、藤澤を魅了したのだ。

二〇〇二年、藤澤は決定的な体験をしている。例によって母親の発案で観戦に行った「北九州ゴールドカップ」(第八回世界車いすバスケットボール選手権大会)で、イギリスのローポインター、ジョン・ポロックのプレーを生で見たのである。

「ポロックのポイントは二・五なので僕よりちょっと状態がいいぐらいですが、3ポイントシューターで、強気にバンバンビッグショットを打ちながらチームを引っ張っていくんです。すごいなと思いました。僕も世界レベルの選手になりたいと憧れをもちました」

当時、K9にはビッグマンがいなかった。ビッグマンがいれば、ローポインターの使命は専《もっぱ》らビッグマンをゴール下に導き、ビッグマンにパスを出すことになるが、ビッグマンのいないチームではローポインター自らアウトサイドからシュートを打つ機会が多くなる。藤澤にとってポロックのプレースタイルは、最高のお手本だったのだ。会場の雰囲気もまた、藤澤には驚きだった。

「すでに何度か大会に出た経験がありましたが、どの会場もガラガラでした。ところが、この大会の日本戦のチケットは完売で、立ち見が出るほどでした。こんなに盛り上がる車いすバスケの大会があるのかと驚きました」

北九州ゴールドカップは、北九州市が「バリアフリーなまちづくり」と「市民による手作りの大会」を標榜《ひょうぼう》して、市を挙げて取り組んだ大会だった。数百人の市民ボランティアが大会を支え、一〇日間の会期中の観客動員数は実に八万人超。この大会の成功を記念して、翌二〇〇三年から「北九州チャンピオンズカップ」が毎年開催されることになったのである。レガシーとはまさに、こうしたことを言うのだろう。

車いすバスケに真剣に取り組むことで文字どおり一皮むけて、ジョン・ポロックという憧れの選手にも出会った藤澤は、同世代の選手のなかで徐々に頭角を現していく。そして二〇〇五年、一九歳のときに、イギリスのバーミンガムで開催されたU23男子世界選手権の日本代表に選ばれるのである。

この大会は、日本がU23向けにチームを編成した初めての大会であり、現在の日本代表の主力である藤本怜央、香西宏昭、宮島徹也など、後に〝黄金世代〟と呼ばれる選手たちが出場した記念すべき大会だった。

しかも、初参加のU23日本代表は、下馬評ではメダルに絡むことはあり得ないと言われていたにもかかわらず、準決勝に進出して強豪オーストラリアを降し、決勝でアメリカに敗れはしたものの、初出場で銀メダルを獲得するという快挙を成し遂げたのである。

黄金世代のひとり、一六歳でこの大会に出場した宮島徹也は、当時をこう振り返る。

「予選の段階ではオーストラリアにボロ負けしていたので、もう失うものはない、当たって砕けろという気持ちで戦えたのがいい結果につながったのだと思います。正直言って接戦が多かったですが、厳しい試合を重ねていくなかで、みんなが確実に成長していったという記憶があります。この大会があったからこそ、僕はパラリンピックで世界に挑戦してみたいと思うようになったのです」

一方、藤澤は……。

「僕は試合にあまり出られなかったので、主力選手とは言えませんでした。ほとんど、悔しさしか残りませんでしたね」

宮島も、当時の藤澤をそれほど強い選手だとは思わなかったという。

「当時のキヨシは、とても柔らかい人柄で、話しやすい雰囲気をもっていました。正直、すごい選手だとは思いませんでしたが、その後いろいろあって、いまみたいにオーラが強くなったんじゃないでしょうか（笑）」

藤澤は銀メダルに貢献したという実感はもてなかったものの、練習は人一倍積んだ自負があった。ところが、無理な練習がたたって大会直後に褥瘡《じょくそう》を悪化させてしまい、手術を受けざるを得なくなってしまったのである。

「僕はお尻の感覚がまったくないので、褥瘡の怖さを知らなかったのです。手術で一年間バスケから離れざるを得なくなって、その間に、怜央さんも宏昭も宮島も、どんどんA代表（日本代表）の合宿に呼ばれるようになっていって……。こんなことで、僕は世界レベルのプレーヤーになれるんだろうかって、一年間悩み抜きました」

悩んだ末に藤澤は、学生生活最後の年にK9から長野最強のクラブチーム、長野WBCへの移籍を決意する。K9は長野WBCに勝つことを目標にしているチームだったから、当然、チームからは慰留《いりゅう》された。しかし、藤澤は強くなりたいという思いを、どうしても捨てることができなかった。

車いすバスケだけやりたい

長野高専の専攻科を卒業して、長野県を代表する大企業、エプソンにエンジニアとして就職を決めた藤澤は、バスケの練習に明け暮れていた学生時代とは違って多忙な日々を送ることになった。

長野WBCの本拠地は松本にあり、藤澤の勤務地も松本だったから移動は楽だったが、チーム練習が週に二回、自主練も週に一、二回やり、土日も練習や試合でほとんど潰れてしまったから、休みがまったく取れなかった。

「だんだん仕事の責任は重くなっていくし、せっかく代表合宿に呼ばれるようになったのにぜんぜん練習ができなくて、日々あがいていました。特に、入社四年目には主任に昇格するための論文を書かなくてはならなくて、もう、地獄のように忙しい日々でした」

当時は「アスリート雇用」などという言葉すらなかった時代である。職場の同僚は応援してくれてはいたが、車いすバスケのために仕事を休むとは言い出しにくかった。合宿や試合に参加するためには、有給休暇を使う以外に方法がなかった。当時の長野WBCのマネジャーで現在の藤澤の妻、涼子はエプソン時代の藤澤の様子をよく覚えている。

「当時の藤澤は、長野県内では抜きん出て強い選手だったと思いますが、もう、うまくなりたいオーラが全身から立ち上っていて、ダラダラ練習している人に対しては苛立ちを隠せない感じでしたね」

自身、広島国際大学時代に健常者の車いすバスケのクラブに所属していた涼子は、長野WBCのマネジャーをあくまでも「楽しみ」としてやっていたが、どうやら藤澤はそうではなかったようだ。

「練習会場から車で一緒に帰るのですが、練習が終わった後の陰のオーラはすごかったです。バスケの話はぜんぜんせずにただ黙っているんです。聞くと怒るし……」

長野WBCは長野随一《ずいいち》の強豪チームには違いなかったが、当時すでに年齢層が高かったこともあって、世界レベルを目指す藤澤とは意識の違う選手が多かった。

一方で、会社での責務は日を追うごとに重くなっていった。しかし藤澤は、昇格したいとか将来役員になりたいといった願望をまったくもつことができなかった。要するに、車いすバスケだけやりたかったのだ。

二〇一二年、藤澤はエリートエンジニアの肩書きを擲《なげう》ってエプソンを退職し、長野WBCも退団して、日本選手権の常連「埼玉ライオンズ」への移籍を決意。永田裕幸（現・日本代表候補）の紹介で住宅設備商社ソーゴーへの転職を決めると、涼子とともに埼玉県に移住した。すでに、二六歳になっていた。

若手が多くて勢いはあるが選手層の薄い埼玉ライオンズは、ローポインターの藤澤が活躍できる可能性が大きいチームだった。涼子が言う。

「彼は何でも自分で決めてから口にするタイプなんですが、車いすバスケはあくまで趣味の延長だと思っていたので、さすがに会社をやめると言われたときは、えっ？　と思いました。でも、休日返上であそこまでバスケの練習をやっているわけだから、バスケを中途半端にして会社に居続けても、彼の人生に何が残るのかなとも思いました。やりたいことは思い切りやってほしいなと……」

藤澤に大きな決断を促したのは、車いすバスケの練習に専念できない環境への苛立ちと、激しい焦りだった。

「ロンドンパラで引退を決めていた京谷《きょうや》さん（和幸。現・U23日本代表ヘッドコーチ）がロンドンの直前練習で、『次はお前たちの番だぞ』とおっしゃったのですが、このままでは京谷さんの言う『お前たち』の枠に、僕は絶対入れないと思ったんです。それは月日が解決してくれるような問題じゃなかった。僕自身が変化しないとこのまま終わってしまうと思って、焦りました」

車いすバスケの世界は、移籍はタブーではないものの地域の縛りが強い。たまたま強豪チームがある地域でスタートした選手はいいが、そうでない選手が日本代表レベルの選手になるのは極めて難しいと藤澤は言う。

ソーゴーは藤澤の状況に理解を示し、入社当初から残業を免除してくれた。さらに藤澤は永田とともに会社と交渉を重ねながら、大会や合宿への参加に特別休暇を認めてもらうことや大会直前の出社を免除してもらうことなどの条件を引き出していった。ソーゴーは彼らの熱意に巻き込まれる形で埼玉ライオンズのスポンサーとなり、ユニフォームの提供などの支援を現在も行なっている。

長野時代に比べればはるかにいい条件で練習をできるようになったものの、移籍した年は、リオパラに向けた日本代表候補の初合宿に呼ばれず、またしても焦った。

「長野WBCは甲信越ブロック、埼玉ライオンズは関東ブロックなので、関東のブロック長が僕のことを知らなくて、代表候補として名前を挙げてくれなかったのです」

その後、無事、代表合宿に呼ばれるようになり、二〇一六年のリオで念願のパラリンピック出場を果たすのだが、結果は満足のいくものではなかった。予選リーグでは、五戦してカナダに一勝したのみ。決勝トーナメントの九-一〇位決定戦でイランに勝ちはしたものの、参加一二カ国中九位という不本意な成績しか残せなかった。

「念願だったパラリンピック出場という夢が果たせたので、終わったら代表を引退するつもりでした。でも、パラリンピックに出場して初めて、出てみなければわからないことがあるのを知ったのです。それは、『パラリンピックとは、勝者にしか居場所がない大会である』ということです。そういう意味で、リオでの敗北は本当に惨《みじ》めで、悔しさしか残りませんでした」

だからこそ藤澤は、二〇二〇年の東京パラリンピックを目指すことにしたのだ。彼は車いすバスケに賭ける人生を選択したにもかかわらず、いまだに一度も、「納得」を手にしたことがない。

ふたりの息子のために

二〇一八年七月一日、日本車いすバスケットボール連盟は、同連盟が主催するすべての大会において、健常者の参加を認めることを議決した。

すでに国内には、健常者を主体とした車いすバスケの大学リーグがあるし、各地のクラブチームで障がい者と一緒に練習に励んでいる健常者も多い。今回の決定は、そうした健常者プレーヤーに大会参加の道を開いたことになる。背景には、障がい者も健常者も分け隔てなく車いすバスケットボールという競技に参加することを通じて、共生社会の実現に貢献するという連盟の考え方がある。日本車いすバスケットボール連盟会長の玉川敏彦が言う。

「連盟に登録している選手の数は、最盛期に一二〇〇人を数えましたが、いまは七〇〇人まで減ってきている状況です。地域によっては持ち点の関係で一四・〇点のチームが構成できないケースも出てきていますが、今後健常者の参加が増えていけば、こうしたチームも共生社会の実現に向けて大会に参加できるということも見えてきます。今年度はすでに、六〇名の健常者の方が選手登録をしています」

選手が減少している理由としては、交通事故や作業中の事故が減少していること、医療制度改革によって長期のリハビリを受けることなく病院を出されてしまう障がい者が増えたことなどが考えられるという。かつては長期間にわたってリハビリを受けるうちに、さまざまなパラスポーツに誘われ体験をする機会があったが、この情報過多の時代に、むしろパラスポーツとの接触機会は減っているというのである。玉川が言う。

「私なんて、医者から『一生歩けませんよ』と宣告された直後は、死んでしまおうと思いましたよ。そんな状態からスポーツを楽しもうという気持ちになるまでには、相当長い時間がかかりました。いまは、そうした気持ちの変化が起きる前に退院させられてしまうのです」

連盟の新たな規定で、健常者は最軽度の障がい者と同じ四・五ポイントをもつことになった。試合に健常者が出場することが車いすバスケの世界にどのような影響をもたらすかは未知数だが、藤澤がK９のメンバーになったときに感じた、「障がい者同士の戦いだからこそ、言い訳はできない」という感覚は、果たして保たれていくだろうか。

二〇一八年五月、藤澤は練習環境のさらなる向上を求めてソーゴーからコロプラへ移籍した。今回はいわゆる「アスリート雇用」である。月に一回出社して上司とスケジュールなどの打ち合わせをするだけで、それ以外の時間をすべて練習とウエイトトレーニングに費やすことができる。藤澤が言う。

「僕たちしか考えていないことかもしれませんが、いま日本代表候補は金メダルを取れるチームを本気でつくろうとしていて、メンバーたちはみんな、自力で金と時間を整えて練習に来ています。このふたつを揃えていないと、日本代表に残るのは難しい。僕が金メダルチームに入るためには、必要とされる選手であり続けるしかありませんが、それには成長を止めないこと以外に方法はないんです」

無論、いくら努力を重ねても藤澤が代表に残れる保証はない。若手の台頭も著《いちじる》しい。もちろん不安はあるが、藤澤は毎晩ノートを開いて「いま具体的に何をすべきか」を書き記すことで心を落ち着けているという。

東京パラリンピック日本代表の発表は、おそらく二〇二〇年の六月ごろになるはずだ。そのときまで、藤澤のジリジリとした焦燥と苦闘の日々は続くのだろう。

最後に、涼子の言葉を記しておきたい。

「彼の生き方はかっこいいと思います。私自身はあんなにひとつのことにのめり込むことも、継続することもできませんから。いまの生き方を貫いて、一途にひとつのことをやり通す姿をふたりの息子に見せてやってほしい。ファンではなくて、家族として応援しています」

理由のない
ルールって嫌い

一ノ瀬メイ選手は、クロールからバタフライまでこなす万能スイマー

パラスイマー

一ノ瀬メイ

いちのせ・めい

1997年生まれ。京都市出身。近畿大学を卒業し、現在は近畿大学職員。イギリス人の父と日本人の母をもつ。2010年、中学2年生でアジアパラ競技大会に最年少13歳で競泳日本代表として選出され、50m自由形で銀メダル。現在、パラの日本記録を5つ保持している。16年、リオデジャネイロパラリンピック出場。また、高校3年生のときに行なわれた全英連第8回全国高等学校英語スピーチコンテストで優勝している。

障害は「私」ではなく「社会」にある

二〇一七年七月一九日午前六時、近畿大学東大阪キャンパス。降りしきるような蟬時雨《せみしぐれ》のなか、水上競技部の部員たちが続々と屋内プールに集まってくる。プールサイドのいすに腰をかけていると、部員ひとりひとりが一メートルほどの距離まで近づいてきて、九〇度に腰を折る。

「お早うございます！」

こちらは何か悪いことでもしたかとドギマギしてしまうが、一九五五年創部という長い歴史をもち、入江《いりえ》陵介《りょうすけ》や寺川綾《てらかわあや》など数多くのメダリストを輩出《はいしゅつ》してきた水上競技部伝統の挨拶だという。

現在三回生の一ノ瀬メイは体育会的な世界が初めてだったこともあり、当初、来客者全員へのマンツーマンの挨拶に馴染めなかった。

「私、理由のないルールって嫌いなんです。挨拶もそうやし、掃除だってなんで下級生だけがすんの、みんな使ってるやんって……」

新人のころに感じた上下関係やしきたりへの疑問を一通り並べ立てた後、一ノ瀬はこう付け加えた。

「マジで精神的に苦痛で、やめそうやった」

疑問の数々を山本晴基《はるき》コーチにストレートにぶつけると、こんな答えが返ってきたという。

「日本社会がそうなんだから、大学の水泳部だけ違うやり方をしても社会に出たときに困るだけだ」

一ノ瀬が言う。

「なるほどなと思いました。体育会の人が企業から好かれるのは、だからなんやって。そういうことを知るのも大事かもって心のどこかで思っていたので、いまは納得しています」

一ノ瀬メイは、一九九七年にイギリス人の父親と日本人の母親のあいだに生まれたミックスである。生まれながらに右肘から先がない。幼児のころから水泳を始め、中学二年で二〇一〇年アジアパラ競技大会（中国・広州）に出場し、五〇m自由形（S9）で銀メダルを獲得。二〇一四年アジアパラ競技大会（韓国・仁川）では、銀メダル二個、銅メダル二個を獲得し、現在、パラの日本記録を四つ保持している。

その一方で、高校三年のときには全国高等学校英語スピーチコンテストに参加し、「障害って何？」というスピーチで全国優勝を飾った。近畿大学の入学式でも新入生代表で挨拶をし、挨拶の最後に自分の好きな英語のフレーズ、“You don't have to be great to start, but you just have to start to be great.”を付け加えたが、日本語訳をしなかったこともあって、会場から「おーっ」とどよめきが起こったという。

また、あるテレビ番組では「障がい」と、「害」の字だけを平仮名表記にすることへの不快感を表明して、やはり世間をどよめかせている。スピーチコンテストの内容とも重なるが、一ノ瀬の主張は以下のようなものだ。

「障害は私にあるのではなくて、社会の側にある。私がじろじろ見られたり、右腕がないことを理由にいろいろなことを断られたりするのが、私にとっての障害だ。害を平仮名にするだけでは世の中変わらない」

近畿大学を進学先に選んだことにも、障がい者への差別が微妙に影を落としていた。

「できれば実家のある京都の大学に行きたかったんやけど、スポーツ推薦の基準が『インターハイで何番』なんです。私、インターハイの記録ではないけど日本記録は四つもってますって言っても、パラの記録じゃダメやと。近大は障害云々より全国で何番だったかを考慮《こうりょ》してくれたんで、水泳で進学するんやったら近大だなと思ったんです」

インターハイには、平泳ぎやバタフライのように両腕を左右対称に動かす種目の場合、両手でタッチしなければ失格というルールがある。想像すればすぐにわかることだが、片腕が短い選手が両手で同時にタッチをすることは不可能だ。そもそも一ノ瀬は、インターハイの平泳ぎやバタフライには参加できなかったのだ。

ちなみにパラの場合は、ルール・エクセプション（例外事項）といって、個々の選手の身体の状態に応じて泳法規則を緩和することが認められているため、一ノ瀬が参加できない種目はない。一ノ瀬に適応されるルール・エクセプションは1と5であり、それぞれ以下のような内容である。

1．片手でのスタート（背泳ぎ）

5．もう一方の手と同時タッチの意思を見せながら左手での片手タッチ（平泳ぎ／バタフライ）

（注・二〇一八年一月一日にルールの変更があり、現在、一ノ瀬選手にはコード・オブ・エクセプションの1、3、5が適応されている）

また、一ノ瀬が所属する連盟は「日本身体障がい者水泳連盟」であり、一般の選手が所属する「日本水泳連盟」ではない。標準記録を切れば日本水泳連盟が主催するインカレにも参加できるが、インターハイ同様、片手タッチの問題があるので種目が限られてしまう。

「海外ではパラと一般の人が一緒に泳げるルールができているのに、日本ではできひん」

一ノ瀬の舌鋒《ぜっぽう》にたじたじとなりながら、私は芦田創が言っていた「パラリンピアンは立ち位置を見つけにくい」という言葉を思い出していた。パラアスリートは好むと好まざるとにかかわらず、社会的な問題に巻き込まれてしまう存在なのだ。

一ノ瀬はアスリートとして注目を集めているだけでなく、パラの世界からの発信者としての顔ももつ。それは外から思うほど、気楽な立場ではないのだ。

パラはタワー型

一ノ瀬が「泳ぎ」というより、「水慣れ」を始めたのは、京都市左京区にある京都市障害者スポーツセンターである。

肌が焦げつくような炎天下、高野川のほとりにあるセンターに幼いころの一ノ瀬を知る猪飼《いかい》聡《さとし》を訪ねた。猪飼は現在、同センターの次長を務めているが、一ノ瀬をパラの世界に引っ張った人物でもある。

「メイちゃんはまだ一、二歳の物心ついてないころ、ここへ来たと思います。お母さんにセンターのプールは（障がい者は）無料なんで使ってくださいねというお話をしたと思います。しばらくセンターの水泳教室に参加してから、小二のとき京都SCに入って、それから大会にも出るようになったんです」

一ノ瀬は小二で近畿身体障がい者水泳選手権大会に参加して、二五m背泳ぎと五〇m自由形でいきなり一位になっている。当時、パラリンピックの競泳日本代表監督を務めていた猪飼は、一ノ瀬が小三になったとき、将来パラリンピックに出てみないかと声をかけた。

「私はアテネと北京で代表監督をやったんですが、アテネのとき、まだ一三歳だった山田拓朗君（リオパラの銅メダリスト）を連れていったんです。拓朗君はメイちゃんと同じS9（左肘から先がない）なので、メイちゃんに、こんなにすごい選手がいるんだよって伝えたのです」

山田拓朗は幼いころから一般の子と同じスイミングクラブでみっちりと練習を積んできた選手だが、一ノ瀬はそうではなかった。小四のときには、あるスイミングクラブの競泳コースに入会を申し込みに行って、右腕の障がいを理由に門前払いを食っている。

「メイちゃんはきちっと競泳を習った子ではなかったけど、アッケラカンとした性格で、初めて海外（アジア競技大会）に連れていったときも、ちっとももの怖《お》じしなかった。そういう選手は少ないんです。きちんとした練習を積んでいないからこそ、むしろ伸びしろがあるんちゃうかと思いました」

猪飼にパラの存在を教えられたことが、のちの一ノ瀬の人生を大きく変えていくことになるわけだが、ここにパラ特有の問題が潜《ひそ》んでいるともいえる。たとえば、芦田創をパラの世界に誘ったのが山本篤だったように、パラの世界の選手発掘は、パラ関係者との接触に依存する度合いが大きいのだ。猪飼が言う。

「オリンピック選手の発掘がピラミッド型だとすれば、パラはタワー型なんです。オリンピックの世界は、言葉は悪いですが、放って置いても選手がわいてきます。そして、競争を勝ち抜いてピラミッドの頂点に立った選手がオリンピックに出場する。でも、パラの場合は個別にコーチがついてひとりひとり育て上げなければなりません。パラの選手は勝手にわいてはこないのです」

どういうことか。

「同じように片腕がない子をたくさん集めて、競争させることはできないでしょう」

つまり、パラの世界では選手の発掘を競争原理にゆだねることができないのだ。個々の障がいの種類、程度に応じた、いわばカスタマイズされた練習と指導者が必要なのだ。猪飼も一ノ瀬が中一のときに、谷川哲朗というコーチとマッチングさせている。

裏返して言えば、障がいのありようは極めて「個別的」だということだろう。個別の障がいをもつ選手たちを一斉に競わせれば公平性が失われるから、パラの試合にはクラス分けが必要になる。それが試合を複雑にし、観戦を難しくしてしまう。パラ競技のジレンマである。

「メイちゃんの場合は障がいの程度が軽く、環境にも恵まれて、タイミングもよかった。でも、いまの日本は、そうしたものに恵まれずに下のほうから上がってこられない人が大勢いる状況です。なかなか裾野が広がらない。特に重度の障がいをもった人は難しいと思います」

パラの指導者や関係者と偶然に出会わない限りパラアスリートが育ってくる環境がないのだとすれば、東京パラリンピックはそうした環境を変える最後のチャンスかもしれない。

近大のプールで、水上競技部の監督を務める山本貴司の話を聞いた。山本はアテネオリンピック二〇〇mバタフライの銀メダリストである。

「メイの練習量は、高校のときに比べると倍以上に増えたんと違うかな。だからここまでは、練習量の増加によってすーっと伸びてきたと思う。でも、ここから先は大変やろね。世界とはまだだいぶ差があるから、問題はどれだけメダルに執着できるかやね」

一ノ瀬はリオパラリンピックに出場しているが、得意の二〇〇m個人メドレーで一三位と、決勝に残ることすらできなかった。勝つためにいま、何が必要なのか。山本が言う。

「いまは、どんだけ泳いでも故障しない体をつくることが先決やけど、三年経つのは早い。東京まで時間がない。この先、自分自身でどれだけ変われるかやね」

アトランタ、シドニー、アテネと三つのオリンピックに出場し、三度目の正直でメダルを取った山本の言葉だけに重みがある。一ノ瀬が言う。

「練習量だけでは伸びなくなった。これからは頭を使って練習の仕方を考えないといけないんやと思います。いままでは、パラを知ってもらうために発信することを大事にしてきたけど、これからはパラを知ってくれた人がファンになってくれるような競技力をつけたい。競技を見た人が『すごい』って驚いてくれるようなパフォーマンスができるようになりたいです」

世界との差は大きく、東京パラまでの時間は短い。果たして一ノ瀬は、「世界」に手をかけられるだろうか。

理由のないルールって嫌い

「世界」との差は歴然

両腕のない男性スイマーが、飛び込み台の上に立ちあがる。おそらく、先天的に腕のない状態で生まれてきたのだろう。腕の付け根に当たる部分に傷の跡はない。

号砲が鳴ると弾丸のように空中に飛び出して、ドボンと水中に没してしまった。どうなることかと思っていると、やがて浮上して頭で水を切りながら五〇ｍを泳ぎ切ってしまった。会場から、いささかしめやかな拍手が起こった。

二〇一七ジャパンパラ水泳競技大会。九月二日から三日にかけて東京辰巳国際水泳場で開催されたこの大会に一ノ瀬メイが出場するというので、観戦に行ったのだ。固定席のみで約四〇〇〇席あるスタンドは、三分の一ほど埋まっていただろうか。プールの両サイドにライフセーバーがひとりずつ立って、選手たちの泳ぎに合わせて移動していく。万一の事態に備えているのだ。

誤解を恐れずに書くが、会場内は〝多様な身体〟によって溢れていた。片腕のない人、両腕のない人、片脚のない人、両脚のない人、足や手が途中で切断されている人、ブラインドの人、聾唖《ろうあ》の人、そして知的障がいをもつ人……。

正直なところ、目のやり場に困った。どのような態度を取ればいいのか戸惑った。同行した編集者が呟いた。

「ビールを飲みながら観戦する雰囲気ではないですね」

リオとロンドンのパラリンピック会場では、ビール片手に声援を送る観客が多かったというのだが、慣れないからなのか、日本人だからなのか、神妙に観戦しなければならないという意識に囚《とら》われて、心も体もぎこちなくなってしまう。

それはさて置いて、わが一ノ瀬メイの結果はどうだったかといえば、一〇〇m自由形（S9）、一〇〇m背泳ぎ（S9）、二〇〇m個人メドレー（SM9）の三種目に出場して、見事全種目で優勝を果たした。得意の二〇〇m個人メドレーでは盟友・森下友紀《ゆうき》（千葉・ダンロップS松戸）とワンツーフィニッシュを飾ったが、残念ながら「世界」との差は歴然であった。
・世界記録　〇二：二七・八三
・一ノ瀬　〇二：四六・五〇（今回の決勝の記録）
今大会には海外の有名選手も招待されており、私は偶然、サブプールで、「ニュージーランドの国宝」と呼ばれる片脚義足のソフィー・パスコー（四つの世界記録保持者）がウォーミングアップをするのに出くわしたが、プールサイドで義足をポンと外して泳ぎ始めた彼女の姿には、堂々たる風格があった。

日ごろ、ソフィーを取り巻いている社会と日本社会とのあいだには、何か大きな違いがあるのではないか。そう思わずにはおられない瞬間であった。

門前払い

一ノ瀬は小学校四年生の秋から一年間、イギリスのスカンソープという町の小学校に通っていた。母親のトシ美が、障害学を学ぶためにイギリスのリーズ大学大学院に留学したからだ。リーズ大学は障害学研究の世界的な拠点である。

渡英直前の夏休み、一ノ瀬は本格的な競泳の練習を始めようと、トシ美と一緒に京都のあるスイミングクラブの門を叩いている。だが、スイミングクラブは、なぜか一ノ瀬母子に門前払いを食らわせた。一ノ瀬が言う。

「受付の人が私の腕をちらっと見て二階に駆け上がったと思ったら、コーチらしき人を連れてきて、ダメやと。自分のことは全部自分でできるし、他の子と同じタイムで泳げるから、とにかく泳ぐとこ見てから決めてほしいと言ってもダメでした」

コーチらしき人物は、競泳のクラスではなく障がい者向けの特別クラスに入れと言う。トシ美が「そこは何のクラスですか」と尋ねると、「美容と健康のためのクラスです」という答えが返ってきた。

「障害者に競泳させるのは危ないと思ったんかどうか知らんけど、これはおかしいやろーって、泣きながらお母さんとバイクに二人乗りして帰りました」

しかし、一ノ瀬母子は並みの親子ではなかった。

翌日、京都の弁護士会に相談に行き、件《くだん》のスイミングクラブの対応が人権侵害に当たるか否かを、人権擁護《ようご》委員会に調査してくれるよう依頼したのだ。弁護士が調査申請の書類を一緒に作成してくれた。

だが、調査を終えた人権擁護委員会の答えは、「人権侵害には当たらない」であった。一ノ瀬母子の目的は「おかしい」と声を上げること自体にあったから、結果は残念なものだったが、それ以上の深追いはしなかった。わずか一〇年前の出来事である。

イギリスに渡った一ノ瀬母子は、メイの父親グレアムの実家に寄宿することになった。一ノ瀬は家庭で英語を使っていたから英会話は得意だったが、読み書きはほとんどできなかった。

「普通の公立小学校に入ったんですが、日本と違って個を大切にしてくれる文化があって、メッチャ楽しかったんです。私は英語の教科書も読めなかったんやけど、英語と算数だけは、学年に関係なく能力別のクラス分けになっていて、私、英語は最初三年生のクラスに入って、一年間で六年生のクラスまで上がったんです」

年中行事にはタレントショーやディスコイベントなどもあって、誰もが何らかの形で活躍できる場面が数多く設けられていた。そして、何かに秀《ひい》でた生徒のことを素直に評価する雰囲気が、生徒のあいだにも浸透していたという。

「日本で、水泳大会で優勝したとかいうと、すぐにあの子自慢してるとか言われるけど、イギリスではすごいねってみんなが言ってくれるんです」

パラリンピック発祥の地であるイギリスでさえ、障がい者に対する差別やいじめは存在したが、対処の仕方が日本とはまったく違った。

あるとき、一ノ瀬の同級生の女子が右腕のことをからかった。同級生の発言を聞きつけた教師が校長に報告すると、校長自ら解決に乗り出してきたという。

「からかった子に反省文を書かせて、私に読ませるんです。ここが納得できないって言うと、その部分を書き直させて、また私に読ませる。そういうやり取りを何度も繰り返すのです。反省文って、相手のことを本当に考えないと書けないでしょう。表面的に謝らせるんじゃなくて、ものの見方を根本的に正すんです」

スイミングクラブの対応も、日本とはまるで違った。腕の障がいではなく、あくまでもタイムを基準にしてコースを決めてくれたのだ。パラの競技人口もはるかに多く、一ノ瀬は子どもながらに、いつか日本のパラの世界をイギリスのように変えていきたいという夢を抱いた。

一年後、日本の元の小学校に戻ったが、一ノ瀬は完全に浮いた存在になってしまった。

「いまになって、メッチャ自己主張が強くなって帰ってきたんやと思うけど……」

浮いた状態は地元の公立中学に進学した後も続き、一ノ瀬はついぞ中学校に馴染むことができなかった。そして、陰湿ないじめに遭うことになる。同じクラスの女子が、一ノ瀬の腕のことをからかう文章をＳＮＳで拡散したのだ。友人たちが教師に知らせ、教師の立ち合いのもと、一ノ瀬と拡散した女生徒のあいだで話し合いがもたれた。一ノ瀬がそれを希望したのだ。女生徒は、一ノ瀬が自分の友達を取ってしまったとか、水泳で世界遠征をしているのが羨《うらや》ましかったとか、要するに一ノ瀬を妬んでいたことを告白したが、それでも一ノ瀬は女生徒を許さず、徹底的に糾弾《きゅうだん》した。

「私のことを悪く書こうと思ったとき、腕しか悪いところが見つからんかったって言われて、一瞬褒められてんのかと思ったけど、私、気が強かったんで、なんでそんなことしたんってメッチャ言ったら、その子、不登校になってしまったんです。いまは悪かったなって思います」

当事者同士を和解させることに主眼を置く日本の教育と、差別について徹底的に掘り下げさせるイギリスの教育。日本のやり方は、結果的に遺恨《いこん》を残すことになってしまった。

個人モデルと社会モデル

京都市立紫《むらさき》野《の》高校に進学した一ノ瀬は、この学校で初めて、自由な空気を吸うことになった。作家の綿矢りさを生んだ紫野高校には制服がなく、ハロウィンの日には生徒も教師も（全員ではないが）仮装して登校する伝統があるという。

高校時代の友人・中村有沙《ありさ》によれば、一ノ瀬は「紫野のヒーロー」だった。

「メイちゃん自身が障がいのことを引け目にも何とも思っていなかったので、私、出会ってから一カ月近く、メイちゃんの右腕が短いことに気づかなかったんです」

　三年生のとき、一ノ瀬が全国高等学校英語スピーチコンテストで優勝したことはすでに述べたが、その凱旋《がいせん》スピーチが学校の中庭で行なわれると、たくさんの生徒が集まった。校舎の窓からも何人もの生徒が身を乗り出して一ノ瀬のスピーチに聞き入った。

「あれは、メイちゃんがパラに関心をもってもらうために、三年間いろんなことをやってきた結果だったと思います」

　スピーチのタイトルは「障害って何？」。スピーチのなかに、以下のフレーズがある（原文は英語）。

「私はイギリスで、障害におもにふたつのモデルがあることを知りました。個人モデルと社会モデルです。個人モデルはその人の障害の問題を個人的な能力の問題だとする考え方です。（中略）社会モデルは、イギリスではよく知られるようになってきた考え方で、障害を生むのは個人の機能的な問題ではなく、社会が障害をつくり出しているのだという考え方です」

　一ノ瀬は例のスイミングクラブでの一件を引き合いに出しながら、十分に泳ぐ能力のある自分が、そのスイミングスクール（＝社会）によって障がい者にされたのだと述べている。

　実は、この個人モデルと社会モデルという概念は、トシ美がリーズ大学で学んできたものだった。おそらく中村たち級友から「マミー」と呼ばれて親しまれていたトシ美こそ、一ノ瀬の強気な生き方に大きな影響を与えたゴッド・マザーに違いない。そんな予想を立てて、トシ美に取材を申し込んだ。

トシ美がインタビュー場所として指定してきたのは、京都のバーガーキング・河原町三条店であった。〝バーキン〟を指定するところからして、タダ者ではなさそうだ。

「うーん、メイは、ひと言で言うと適当な子ですね（笑）」

バーキンに現れたのはショートカットで目の大きな、意外に小柄な女性だった。どこか飄々《ひょうひょう》とした雰囲気がある。トシ美はなぜ障害学を学ぶことにしたのだろう。

「そりゃ、障がいのある子を産んだからですよ。京都市障害者スポーツセンターで出会うお母さんたちはみんな、センターの中では何も感じないでいられるのに、一歩外に出て子どもと一緒にバスに乗ると、ごめんなさいごめんなさいって謝ってばかりなんです。いったい障がいって何なのか？　それをハッキリさせたかったんです」

「障害って何？」。まさに、一ノ瀬のスピーチのタイトルそのものである。

「でも、メイの理解はまだまだ薄っぺらいと思いますよ（笑）。個人モデルはメディカルモデルともいうんですが、障がいを医療の対象と考える。悪いのは障がいをもっている人であり、悪い部分は治せばいいと。一方の社会モデルは障がい者本人に原因を求めず、本人はそのままでOK。その人が障がい者であるのは社会に問題があるからであって、社会が変われば障がい者ではなくなると考えるんです」

一ノ瀬を描いた本、『私が今日も、泳ぐ理由』（金治直美著・学研プラス刊）には、一ノ瀬の右腕を見た通りすがりの人が、「iPS細胞があるから大丈夫や」と声をかけてきたというエピソードが出てくる。まさに、個人モデル＝メディカルモデルを象徴する発想だ。

「大切なのは、健常者と障がい者の混じり具合だと思いますよ。日本の障がい者はマージナル（周辺的）な存在ですが、他の国では一緒に生きている感じがします。障がい者を特別な目で見ない。日本は特別支援学校をつくって分けてしまったでしょう。メイがよく、支援学校の子との交流会ってなんか変だって言っていたけれど、最初に分けておいて、後から交流させるなんておかしいじゃないですか」

トシ美は、社会モデルという概念を社会学者・石川准《じゅん》（現・静岡県立大学国際関係学部教授）の書籍で知ったという。石川は長瀬修との共著『障害学への招待』（明石書店刊）によって、日本に初めて障害学を紹介した研究者である。静岡県立大学に石川を訪ねることにした。

「日本には『障がい』というひとつの言葉しかありませんよね。しかし、障害学ではdisabilityとimpairmentという言葉を厳格に使い分けるのです」

石川によれば、障害学におけるdisabilityは「その人が直面している社会的な困難」を指し、impairmentは「見えない、聞こえない、手足が動かないといった心身の障がい」を指す。そしてdisabilityは、impairmentと環境の不整合から生じると考える。

「disabilityは、impairmentと〝環境にある障壁〟との掛け算だと考えると、わかりやすいと思います」

つまり、impairment×障壁＝disabilityだとすると、impairmentか障壁のどちらかがゼロになれば、disabilityはゼロになる。そして、個人モデルはimpairmentのほうをゼロにしようと考え、社会モデルは障壁のほうをゼロにしようと考える。

「個人モデルでは個人にリソースを投入して、自助努力とサポートによって障がいを克服せよと言う。克服したら雇用してあげますよと。あるいは、特別支援学校に通っている子でも、障がいが軽度で親が通学をサポートするなら普通校に通ってもいいですよというわけです。日本の普通校では長いあいだ、本人と家族の努力だけでやっていけるような障がい児だけを受け入れてきました。私はそれを〝認定健常児〟と呼んできましたが、社会モデルの浸透はまだまだこれからです」

国連障害者権利委員会の委員（現在は副委員長）でもある石川は、こうした日本の教育現場の現状を、「国連が定めた障害者権利条約から見たらとんでもないこと」だと言う。

「日本の学校はみんなに同じことをさせようとして、個別性に対応しませんね。第二次産業が中心の時代は誰もが同じであることに意味があったかもしれませんが、多様性尊重原則が大切なこの時代に、日本の教育は産業分野ばかりでなく、障がいの分野にも影を落としているのです」

私はジャパンパラの観戦で感じた「戸惑い」について、石川の意見を聞いてみたかった。

「障がい者のもっている能力を最も低く決めつけるのは、もしかすると学校や病院など、障がい者と専門にかかわっている機関かもしれません。専門機関だからこそ、あなたはこういう障がいがあるからこれはできませんよと決めつけるのです。実は、障がい者とのかかわり方において一番大切なのは、そうした決めつけをせず、まさに戸惑いながらも建設的な対話を重ねていくことではないかと私は思っているのです」

自身、全盲者である石川は、

「（障がい者と）一緒にビールでも飲みながら語り合うのが一番いいですね」

と言って、穏やかに笑った。

静岡県立大学の緑豊かな美しいキャンパスを歩きながら、私は頭の中の霧が晴れていくのを感じた。

金メダルを取ることが役割じゃない

一ノ瀬はジャパンパラの試合後の囲み取材で、「大学に入ってから体の部分部分を鍛えてきたが、連動とバランスがまだいまいちだ」とコメントした。だから、基礎体力はついてきたものの、それがタイムにつながらないのだと。実際、得意の二〇〇mメドレーでも、現在の一ノ瀬の記録は世界記録と二〇秒近い開きがある。

その一方で、美形であることもあって、一ノ瀬にはメディアの取材が集中している。トシ美は、娘の置かれた状況をいったいどう見ているだろうか。

「メイは、近大に入ってから過呼吸になるぐらいの緊張に耐えて頑張ってると思いますよ。でも、メイの役割は金メダルを取ることじゃない。彼女がおかしいと思うことを、発信していくことにあると思うんです。メダルを取っても取らなくても、メイはメイ。私はあるがままのメイを愛しているんです」

一ノ瀬の「発信」は、親友・中村有沙の人生にも大きな影響を与えている。進学校である紫野高校では、当然のごとく四年制大学に進学する卒業生が多い。しかし中村は、ある夢をもって美容専門学校に進学して、現在、京都市内の美容院で修業の日々を送っている。

「紫野でメイちゃんと出会って福祉や介護の世界に興味をもつようになって、デイケアセンターでバイトをしたんです。そのとき、将来、訪問美容の世界で仕事ができたらいいなと思ったんです。病院や介護施設でカットをしてもらうと、どうしても洗髪しやすさを優先した髪型にされてしまうのですが、本当は誰もが自分に合ったカットをしてもらいたいんだと思うんです。こんな夢をもてたのも、メイちゃんのおかげなんです」

東京パラで力泳する〝適当なメイちゃん〟をビール片手に応援できたら、最高だ。

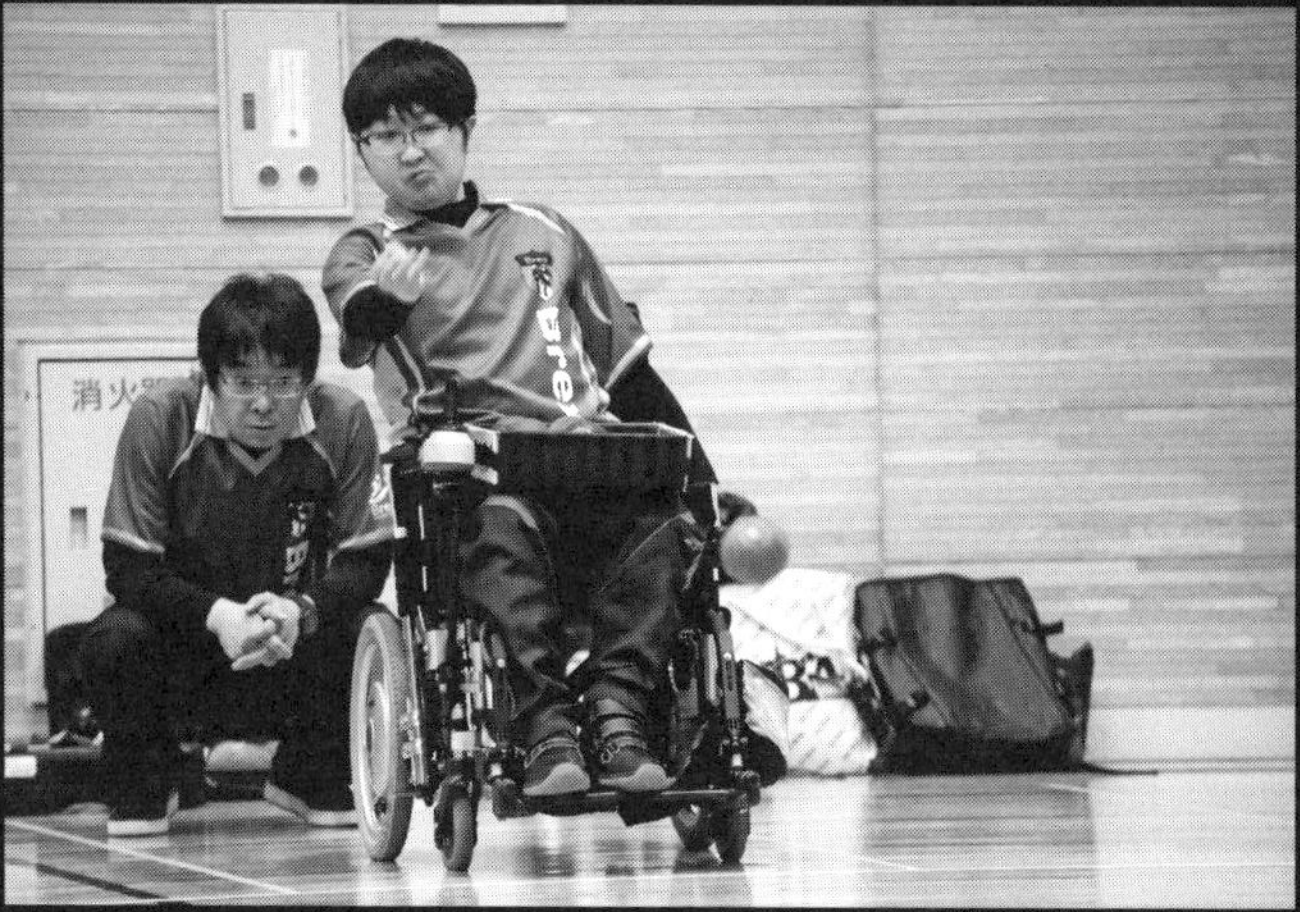

ジレンマを生きる

父・泰秀氏とともに投球フォームを調整する江崎駿選手

ボッチャ選手

江崎 駿

えさき・しゅん

2001年、愛知県生まれ。あいちボッチャ協会所属。若手ながらずば抜けた強さを発揮し、16年、強化指定選手選考会に選ばれる。17年、BC4で「Bisfed2017ワールドオープン」バンコク大会出場。同年、日本ボッチャ選手権大会本大会で準優勝。アジアユースパラ競技会（ドバイ）で金メダル獲得。これからを期待される有望選手。

複雑なボッチャのクラス分け

たとえどのような言葉を使ったところで、自分は気楽な立場の人間でしかあり得ないのだろうと思いながら、江崎駿の父親、泰秀の話を聞いていた。

江崎駿（一七歳）は日本ボッチャ協会の強化指定選手であり、日本ボッチャ界、期待の星である。二〇一七年一一月に開催された日本ボッチャ選手権大会本大会で準優勝し、一二月のアジアユースパラ競技会（ドバイ）では、見事、金メダルを獲得している。

こうした戦績とその若さから、当然のごとく、東京パラリンピックでの活躍を嘱望《しょくぼう》されているわけだが、駿はあるジレンマを抱えている。そのジレンマとは、彼が属するＢＣ４というクラスと深い関係がある。

リオデジャネイロパラリンピックで日本代表チームが銀メダルを獲得したことによって、ボッチャという競技の名前は広く知られるようになった。ボッチャはコートに投げ込まれた白いジャックボール（目標球）に向かって、青い球と赤い球を投げ合い、どちらがジャックボールのより近い場所により多くの球を配置できるかを競うスポーツだ。

一エンドの持ち球は六個。得点の計算方法はカーリングと似ているが、大きく異なるのは、標的にするジャックボールに球をぶつけてジャックボール自体を動かしてもいい点と、相手よりジャックボールの近くに球を置けるまで連投しなければならない点だ。

一見、球を転がすだけの単純な競技だが、戦略の立案が勝敗を大きく左右する。最後の一球で試合がひっくり返る場合がある点も、やはりカーリングとよく似ている。

これまで何度か触れてきたとおり、パラスポーツの多くは、競技の公平性を保つために障がいの違いや程度に応じて選手のクラス分けを行なっている。ボッチャも例外ではないのだが——少々ややこしい話ではあるが——ボッチャのクラス分けには前段がある。クラス分けが二段構えになっていると言ってもいいだろう。

前段のクラス分けとは、国際脳性麻痺者スポーツ・レクリエーション協会（CPISRA）が行なっているクラス分けだ。

ボッチャに参加する選手の中心は脳性麻痺者であり、CPISRAは脳性麻痺者を最重度のクラス1から最軽度のクラス8まで、八つのクラスに分けている。そして、ボッチャの国際大会に参加できるのは、CPISRAのクラス分けにおいて最重度のクラス1と2の選手、もしくは脳性麻痺者ではないがクラス1、2と同等の重度障がいをもつ選手に限られる。そもそもボッチャとは、重度障がい者のためにポルトガルで考案された競技であり、国際大会に参加できるのは基本的に重度障がい者だけなのだ（日本は独自にオープンクラスを設けており、軽度の障がい者も参加できる）。

では、後段のボッチャ固有のクラス分けはどうなっているかといえば、こちらは、障がいの種類と程度によって四つのクラスで構成されている（日本障がい者スポーツ協会発行『かんたん！　ボッチャガイド』を元に記述）。
・ＢＣ１　脳原性疾患で車椅子操作不可。四肢・体幹に重度の麻痺がある選手および、下肢で車椅子操作が可能で足蹴りで競技する選手
・ＢＣ２　脳原性疾患で車椅子操作がある程度可能な選手
・ＢＣ３　脳原性疾患および非脳原性疾患で（障がいの程度が）最重度の選手
・ＢＣ４　非脳原性疾患（頸髄《けいずい》損傷や筋ジストロフィー）で、ＢＣ１、ＢＣ２と同等の重度四肢機能障がいがある選手
　脳原性疾患の多くは脳性麻痺だから、この四つのクラスの障がいの軽重を比較すると次のようになる。
・脳性麻痺のなかではＢＣ１＞ＢＣ２
・非脳性麻痺のＢＣ４≒ＢＣ１、ＢＣ２
・ＢＣ３＞ＢＣ１＞ＢＣ２
・ＢＣ３＞ＢＣ４
　最重度のＢＣ３の場合、選手は自力で球を投げることも蹴ることもできないから、ランプ（勾配具《こうばいぐ》）と呼ばれる小さな滑り台のような道具を使って球を転がす。その際、球を転がし始める位置やランプの方向をアシスタントに指示することによって、自分の考えた強さで自分が考

えた方向に球を転がすのだが、そこにアシスタントの意思が介入しないよう、アシスタントは試合中にコートのほうを向くことを禁じられている。

アシスタントは、いわば選手の手足に徹するわけで、重度障がい者を対象としたスポーツならではのルールと言っていいだろう。

さて、駿が参加するBC4だが、このクラスは前記のとおり頸髄損傷（首の骨の怪我）や筋ジストロフィーなどの非脳原性、つまり脳性麻痺ではない選手のクラスであり、駿は筋ジストロフィーの患者なのである。

筋肉が破壊されるというジレンマ

駿は三歳のとき、別の病気に罹《かか》って血液検査を受けた際に筋ジストロフィーを発見されている。二年下の弟でやはりボッチャの選手である匠《たくみ》も、同じ病気であることを同時に発見された。

私は筋ジストロフィーという病気の名前は知っていたが、正直にいって、症状についてはまったく無知だった。父親の泰秀が言う。

「筋ジストロフィーは進行性の筋疾患で、徐々に筋肉が衰《おとろ》えていく病気です。成長期は筋肉をつくるスピードのほうが衰えるスピードより速いので、駿も小五までは普通に歩けましたが、小六から車いすになりました」

筋ジストロフィーにはさまざまなタイプがあるが、いずれも遺伝子の変異が原因で発症することが明らかになっている。ただし、原因は解明されているものの、現在までのところ治療方法は見つかっていない。当然だが、治療方法がない以上、治療を受けることはできない。

駿は月に一回程度、理学療法士に可動域（体を動かせる範囲）のチェックを受け、週に二度の訪問リハビリを受けているだけで、病気自体の治療は受けていないのである。泰秀は、こうした状況を比較的冷静に捉えているようだった。

「もちろん、治療の可能性を必死で探った時期もありましたけれど、さすがに、ここ二、三年のうちに治療方法が見つかることはないのだろうと思います。ただ、治療はできなくても、現状を維持できる薬が開発されたらいいな、とは思いますね」

さて、駿はジレンマを抱えていると書いたが、それは、ボッチャのトレーニングを積むことが筋肉の破壊につながりかねないというジレンマである。大ざっぱな言い方を許してもらえば、筋ジストロフィー患者の筋肉は壊れやすく再生しにくい。筋肉を酷使するトレーニングを積めば、筋肉が破壊されるスピードを加速させてしまう危険性があるのだ。

一方で、世界の潮流は「パワー・ボッチャ」という言葉が象徴するように、力の勝負になってきている。技術や戦略はもちろん重要だが、それにも増して遠くへ投げる力、勢いのある球を投げる力が重視されているのだ。泰秀が言う。

「健常者の場合、激しい練習によって筋肉の破壊と再生を繰り返すことで筋力が増していくわけですが、駿の場合、筋肉をいったん壊してしまうと再生してこないので、筋力を高めることができません。ですから、なるべく筋力が落ちるスピードを遅めるようにしながら、技術を磨いていくしかないのです」

アスリートが競技スポーツの世界で勝ち抜いていくために体を鍛えるのは、当たり前のことだ。しかし、体を鍛えることが身体に回復不能なダメージを与えてしまう場合、それを当然とは言えなくなる。泰秀は駿のコーチ役も果たしている。

「土日は、会場を半日しか借りられない場合は三時間、一日借りられる場合は六~七時間練習しています。平日も毎日一時間ほど、自宅のリビングでフォームのチェック中心の練習をします。駿は放っておけば何百球も投げてしまうのですが、ボッチャはたくさん投げればうまくなるわけでもないので、たとえ一〇球しか投げなくても効果が出る練習方法を考えています。ボッチャは一球一球が勝負ですから」

ボッチャの試合では、展開によって一球一球の役割が大きく変わってくる。ジャックボールの近くにある相手の球を弾き飛ばす役割もあれば、ジャックボールに近い自分の球を相手に弾かれないための壁になる役割もある。そうした役割を的確に果たす球を投げるには、「一球ずつテーマをもって投げる練習」が重要だと泰秀は言う。

「ボッチャは、突き詰めて考えると、距離ではなくラインを投げるスポーツです。アプローチ

（ジャックボールに寄せる球）にせよ、プッシュ（自分の球を押す球）にせよ、ヒット（相手の球を弾く球）にせよ、そのすべてがラインに乗っていなければ試合には勝てません」

江崎親子は練習の内容を精緻化《せいちか》することで、トレーニングを積むと筋肉を破壊するスピードを加速させてしまうというジレンマを乗り越えようとしているのである。

もうひとつ、駿というよりは、弟の匠が置かれた状況が象徴するジレンマがある。

泰秀によれば、江崎兄弟の病気の進行は、一般的な筋ジストロフィー患者の経過と比べると、かなり遅いほうだという。特に中学三年生の匠は、手動の車いすを使ってはいるものの、まだ自力で立ち上がることができる。

病気の進行が遅いことは、本人にとっても家族にとっても喜ばしいことに違いないのだが、そうであるが故に、匠は兄に負けず劣らず正確な投球ができるセンスの持ち主でありながら、国際大会に参加する資格をもっていない。なぜなら、まだ「重度」ではないからだ。

日本には軽度の障がい者を対象とした「オープンクラス」という独自のカテゴリーがあり、国内戦にはオープンの試合もあるから、匠は現在、このオープンというクラスでプレーをしているのである。

では、二年後に迫った二〇二〇年の東京パラリンピックに匠が挑戦できるかといえば、それは彼の病気の進行次第ということになる。症状が進んでBC４のクラス分けを受けることができれば参加の可能性が出てくるが、症状が進行しなければ東京パラに挑戦する資格を得ることはできないのである。

駿はトレーニングをするほど筋肉の破壊を速めてしまうというジレンマを抱え、匠は筋力が落ちなければ東京パラリンピックへの挑戦権を得られないというジレンマを抱えている。パラリンピックが注目を集め、国家間の競争が熾烈《しれつ》になっていくにしたがって、ふたりが抱えるジレンマに、どのような力が働くようになるのだろうか。そして、その力は、彼らの精神と身体にどのような影響を及ぼすことになるのだろうか。

音のしない練習

二〇一八年二月一八日、駿と匠が所属しているボッチャチーム、Ｂｒｅｘの練習を取材するために愛知県春日井市にある春日井市役所南部ふれあいセンターを訪ねた。

Ｂｒｅｘはあいちボッチャ協会に所属するメンバーによって三年前につくられたチームであり、ＢはｂｏｃｃｉａのＢ、ｒｅｘはラテン語で「王者」を意味するそうだ。現在は一二名の若い選手が在籍している。

Ｂｒｅｘはその名にふさわしく、メンバーのほとんどがタイトルホルダーであり、メンバーのなかに日本代表が一人、アジアユースパラの出場者が四人もいる。なぜこのチームに日本のトップ選手が集まっているかといえば、泰秀によれば、たまたま愛知県が早くからボッチャに取り組み始めた地域だったからにすぎないという。早い時期に、全日本選手権や世界大会に出た選手がいると、後に続く選手も刺激されて大きな大会を目指すようになり、そのまた下の世代も刺激を受けるといった循環ができあがる。愛知県では、こうした流れが以前からできていたというのである。

ちなみに、日本ボッチャ協会が公表している「ボッチャ人口」によれば、現在、協会に登録している選手の数は全国で二二九名。愛知県にはそのうちの一二名がいるが、不思議なことに隣接する岐阜県には一名しかいない。

このように、地域によって競技人口に大きな差があるのは、ボッチャという競技が名前を知られるようになったほどには普及しておらず、しかも競技人口の拡大が〝人任せ〟であることの証左でもあるだろう。おそらく、特別支援学校などにたまたま熱心なボッチャの指導者がいるといった人的な要因によって、その地域の競技人口は決まってしまうのではないだろうか。

駿も、中一から入学した小牧特別支援学校の先輩に誘われたことが、ボッチャを始めるきっかけだったという。もしもその先輩がいなければ、「家の中でゲームをしたり漫画を読んだりして、休日も買い物に行くときぐらいしか外に出ない」生活を送り続けていたかもしれない。

ボッチャの練習風景は、なかなか壮観だ。

オープンの匠を除いて、この日集まった全員が電動車いすに乗っていた。電動車いすは重装備だから、横一列に並ぶと迫力がある。

一方で、練習中はあまり物音がしない。ボッチャのボールは革や合成皮革でできており、特に最近は柔らかい球が流行しているから、トンと着地するとあまり音をたてずにジャックボールのほうに転がっていく。選手同士が気合をかけ合ったりすることもない。

駿は色白でぽっちゃりしていて、アスリートというよりは噺家《はなしか》のような愛嬌《あいきょう》のある風貌《ふうぼう》をしている。ボッチャのどこが面白いのだろう。

「戦略面が大きくて、最後の一球までどうなるかわからないところです。昔はロール・プレイング・ゲームをやるのが好きでしたけれど、いまはボッチャの戦略を考えるのが楽しいです」

言葉を選びながら、慎重に話している印象だ。以前は人見知りが強くて見ず知らずの人と話すことはほとんどなかったそうだが、最近は取材が多くなったこともあって、初対面の人と話す機会が増えたという。

そういえばボッチャの競技会には、クラス分けはあるものの男女の区別も出場年齢の制限もない。年の離れた選手と対戦することも多いという。

「ボッチャの選手もそうだし、選手の親御さんとか、代表のコーチとか、いろいろな年齢層の人と話をするようになりました。まだまだボッチャのことをうまく説明できなかったり、目標をはっきり言えなかったりするので、もっとしっかり話せるようになりたいです」

ボッチャを始めてから外出の機会が増え、移動距離も格段に長くなった。たとえば駿は、二〇一七年、一六歳のときに初の国際大会（バンコク）を経験している。成田空港までは親が送っ

てくれたが、飛行機にはひとりで乗り、介助は協会のスタッフに任せた。

「何ができて何ができないかをスタッフの人にうまく説明することができなくて、どう頼めばいいかもよくわかりませんでした。でも、場慣れするという意味で、バンコクに行った経験は大きかったと思います」

日ごろから介助をしてくれている親なら、以心伝心で何でもやってくれるのだろうが、他人の場合はそうはいかない。意思の疎通が難しい他者ばかりの環境に飛び込んでいったことが、駿に大きな変化をもたらしたようだ。

「ボッチャを始めたことで、先輩ができて、仲間ができて、全国大会とかに出ると県外の人とも知り合いになれて、とても楽しいです。昔は病気のことが気になっていましたけれど、いまは障がいがあってもやり方次第でいろいろなことができることがわかってきたので、あまり気にならなくなってきました」

駿は泰秀とふたりで、腕を振り子のように前後に大きく振る練習をしていた。この投法なら腕の筋肉を鍛えなくても遠くまで投げることができる。

「僕はスポーツなんてできないと思っていたのですが、ボッチャと出会って、工夫さえすれば自分にもできるスポーツがあることを知りました。最近は失敗をして少し後ろ向きになっても、失敗の原因を知って解決しようと思えるようになってきました」

障がい者スポーツのもつ力を思い知らされる言葉の数々だった。

ボッチャはどこへ向かうべきか

どうやらボッチャには重度障がい者のコミュニケーションや移動の範囲を広げていく力、いわば〝生きる自由度〟を高める力があるようだが、では、パラリンピックにはどのような力があるのだろうか。

私は平昌パラリンピックの開会式を見て、パラリンピックが〝特別な舞台〟であることを体感してきたが、駿の場合、無理をしてパラリンピックへの参加を目指せば身体を痛めてしまう危険性もある。弟の匠には、参加資格を得るには症状の進行を待つしかないという不条理が立ちはだかっている。彼らにとって、パラリンピックとはいったいどのようなものなのだろうか。駿が言う。

「二〇一六年に選考会があって、強化指定選手に入ることができました。その後のリオパラリンピックで杉村（英孝《ひでたか》）さんとか廣瀬（隆喜《たかゆき》）さんが銀メダルを取りましたけれど、あの人たちの活躍を見て、僕も東京パラリンピックに出場したいと思うようになりました」

泰秀の考えはどうだろうか。

「実をいうと、昨年はかなり厳しい一年だったのです。強化指定選手に入れていただいたのに予選に回ってしまい、バンコクでもジャパンパラでもいきなり強い選手に当たって、かなりのプレッシャーのなかで戦ってきたと思います。ドバイで第一シードの香港の選手を破って優勝したことで自信をつけて東京パラを目指す気になったのだと思いますが、病気の進行もあるので、私としては、とりあえず今年の世界選手権やアジア大会まで頑張ってくれればいいという気持ちなのです」

ボッチャの普及という意味では、東京パラで駿や匠のような若い選手が活躍してメダルを取ることには大きな意味があるだろう。駿が杉村や廣瀬に憧れるように、駿や匠に憧れる後進が出てくるかもしれないし、同じ病気を抱える人にとっても、大きな励ましになるかもしれない。

ただ、私はふれあいセンターの静かな練習風景を見ていて、パラアスリートの形容にありがちな「障がいを乗り越える」「限界を超える」といった勇ましい表現はそぐわないように感じた。泰秀が言う。

「初めてボッチャって聞いたときは、かわいい名前だなと思ったものですが（笑）、いまはパラスポーツのなかでも特別な競技なのだと思っています。パラアスリートには『俺は障がい者じゃない』と主張する人が多いし、実際、健常者がかなわない運動能力の持ち主はたくさんいます。でも、ボッチャはあくまでも障がい者のスポーツであり、ボッチャの選手はアスリートではあるけれど、あくまでも障がい者なのだと思うのです。健常者に勝とうとするのではなく、障がい者として自分ができることをやろうというのが、ボッチャの世界ではないでしょうか」

多くのパラスポーツは健常者のスポーツを障がい者向けにアレンジしたものだが、ボッチャはそもそも障がい者のためにつくられたスポーツであり、それゆえに高齢者や子どもも参加できる「間口の広さ」をもっている。それこそが、ボッチャの魅力であり可能性でもある。

私は、ボッチャに重度障がい者の生活の幅を広げる力があることを知った。しかし、障がい者がパラリンピックへの参加を目指し、メダルの獲得を目指すことが障がい者に何をもたらすかについては、まだ明確に言葉にすることができない。パラリンピックにはオリンピックとは異なる価値があり、そうである以上、メダルや記録以外の評価の軸、オリンピックとは違う感動と楽しみ方があるのではないか……。

Ｂｒｅｘの練習は、九時に始まって正午に終わった。ふれあいセンターのロビーには、帰り支度を済ませたＢｒｅｘのメンバーが集まっていた。電動車いすを寄せ合うようにして、小さな声でおしゃべりをしている。

傍《かたわ》らに立って、彼らの会話に耳を傾けた。

「……たぶん風邪だと思うんだけど」

「そうだといいね」

「早くよくなるといいね」

それは密やかで、言葉数の少ない会話だったが、お互いへの思いやりに溢れた会話であった。

パラはパラでいい

東京・溜池のパラリンピックサポートセンターで、日本パラアイスホッケー協会の理事と日本代表チームのマネジャーを兼任する小山幸子《こやまさちこ》に会った。

私は平昌でパラアイスホッケー日本代表の試合を取材しているが、日本代表の不甲斐ない戦いぶりに、強化プラスティックの壁をこぶしで叩き続けていた小山の姿が忘れられなかった。大半のメディアが平昌パラ閉幕と同時に「二〇二〇東京」へシフトチェンジをしてしまったが、そうしたメディアの薄情さにささやかな抵抗を試みたいという思いもあって、小山に日本代表の敗因分析を依頼したのだった。

「取材はパッタリなくなりましたね（笑）。二、三のメディアさんがキャプテンの須藤を継続取材して下さっていますが、やっぱりメダルがすべてなんでしょうね」

パラアイスホッケー日本代表は、参加八チーム中八位という成績だった。メダルを獲得した村岡桃佳《ももか》（アルペンスキー女子）、森井大輝《たいき》（アルペンスキー男子）、成田緑夢《ぐりむ》（スノーボード）、新田佳浩《よしひろ》（距離スキー）の凱旋インタビューはテレビで何度か放送されたが、私の知る限り、平昌パラ閉幕後のテレビではパラアイスホッケーのパの字も聞くことはなかった。

パラサポセンターは東京オリ・パラの開催年度、つまり二〇二一年の三月末までは使えるが、その後は「自立してほしい」と言われているそうだ。次の冬季オリ・パラは二〇二二年に北京で開催される。惨敗を喫した日本代表は、そして小山は、これからどうするのだろう。

「七月にトライアウト（入団テスト）をやる予定です。以前よりは資金的にもずっといい状況になっていますけれど、ともかく選手の発掘をしなくてはなりません。もうひとつの課題は、競技団体としての基盤強化ですね」

小山は協会の理事とチームのマネジャーを兼任しているが、これは本来イレギュラーなことだという。「運営」と「強化」は分離すべきだというのである。

「ＪＰＣ（日本パラリンピック委員会）からは、マネジメントと監督・コーチを分離しなさいとずっと言われ続けています。監督・コーチが結果を残せなかった場合、本来ならばマネジメントがその責任を追及するべきですが、そこが一体化していると厳しい追及ができず合理的な運営ができないからです」

しかしその一方で、小山はこんなことも言う。

「私は長野のときオリとパラ両方のボランティアをやりましたが、パラのほうが数倍楽しかった。オリンピックはメダル至上主義でお金が絡むのでピリピリしていましたけれど、パラはそこから一歩引いたところにあって、メダルの価値もオリンピックとは違うと感じました」

では、オリとパラの違いはどこにあるのだろうか。

「うーん、私、語彙《ごい》が少ないので。ただ、パラはオリになり得ないというか……。パラはパラでいいんですよ」

答えに詰まった小山は、眉《まゆ》を八の字に寄せた。

中年が幼児チームに負ける

さて、本題のボッチャである。

私は「江崎駿はジレンマを生きている」と書いたが、取材を重ねるうちに実はボッチャという競技自体もジレンマを抱えているのではないかという思いが強くなっていった。ともあれ、ボッチャを知るにはボッチャをやってみるに如《し》くはない。三月一八日、東京都中央区の月島区民センターで開催された「ボッチャ体験&福祉相談会」に参加してみることにした。

主催は、複数の社会福祉法人の連合体である中央区社会福祉法人連絡会。ボッチャの指導をするのは、日本ユニバーサルボッチャ連盟理事長の古賀稔啓《としひろ》と元パラリンピアンの秋元妙美《たえみ》など、連盟のメンバーたちだ。秋元は二〇一一年のワールドカップで銀メダル、二〇一二年のロンドンパラで七位という成績を残した日本代表チームの元メンバーであり、古賀は当時の代表監督である。

編集者ふたりと月島区民センターに行ってみると、体験会は会議室で行われていた。ボッチャは体育館でなくてもバドミントンコートの広さがあればできるスポーツなのだ。受付で飛び入り参加を希望すると、水色のテープでつくられた臨時のコートの脇に並ぶよう指示された。われわれの前には、就学前らしき幼児三人組が並んでいる。

古賀と電動車いすに乗ったふたりの障がい者が、コートの中に入って参加者たちを指導している。われわれの番が来ると、幼児三人組と対戦せよと言う。冗談ではない。いくらなんでも、体力・知力に差がありすぎる。

先攻後攻を決めるジャンケンをすると、幼児チームの勝ち。幼児のひとりが白いジャックボールを放り投げると、案の定、ボールはスローイングラインからわずか二メートルほどの位置にポトリと落ちた。幼児チームの二番手が、ジャックボールめがけて赤いボールを投げる。ボールは偶然、ジャックボールの近くでピタリと止まった。持ち球はそれぞれ六球。相手チームの球よりジャックボールに近いところに球を置けるまで、投球を続けなければならない。

まずは、若い編集者がジャックボールめがけて青いボールをスローイングしたが、これは勢いがありすぎてコートの外に飛び出す場外ホームランになった。二番手の中年編集者の球も、やはり勢いがありすぎてジャックボールのはるか向こうへ。私はふたりの轍《てつ》は踏むまいと弱めに投げたが、今度はショートしすぎ。

もう一巡投げたが、なんと、誰ひとりとして幼児チームが最初に投げた赤いボールよりジャックボールに近い位置に青いボールを投げ込むことができず、瞬《また》く間に六球を使い果たしてしまった。つまり、負けたのだ。大人三人のチームが、幼児三人組のチームと本気で戦って負けたのだ。会場から笑いが起こる。

ムキになった若い編集者が、今度は社会福祉協議会のチームに交じって再び挑戦することになった。メンバーの平均年齢は三〇代後半といったところだろうか。対戦相手は、車いすの高齢者三人組。この対戦を見ながら、私はボッチャというスポーツがもつ不思議な力を思い知らされることになった。

高齢者チームのトップバッターは、おそらく八〇歳前後の白髪の婦人だった。最初、車いすに座ったままの姿勢で投げようとしたが、右側の車輪が邪魔になって思うように腕を振ることができない。

「もう、立っちゃおうかしら」

婦人はこう言うと突然立ち上がり、立ったままの姿勢でボールを投げてしまったのである。慌ててスタッフが駆け寄って後ろから腰を支えたが、私はマジックでも見ているような気分だった。

高齢者チームの最後に投げたのは、体が小さく縮まってしまった感じの老婆だった。年齢はわからない。スタッフが滑り台のような形をしたランプを彼女の前に置いてボールを握らせたが、老婆は一向にボールをランプに乗せようとしない。

その様子を見ていた古賀が駆け寄って、老婆に何かをささやいた。すると、老婆がボールをランプにポンと乗せたのである。ボールは見事、ジャックボールを目指して転がっていった。私はやはりマジックを見ているような気分だった。古賀はいったい何をしたのだろう。

「最初、スタッフはお婆さんの横に立っていたでしょう。あの位置では視界が狭くなっている高齢者には見えないのです。だからお婆さんは、何をやっていいのかわからなかった。でも、真正面に行ってお婆さんの目の高さで話しかければ、ちゃんと伝わるんです」

さらに古賀は、驚くべきことを言った。

「お婆さんはこうやって（手のひらを下に向けて）ボールをランプに乗せたでしょう。あれは、本人の気持ちとしては投げているんです。あのお婆さんは一〇〇歳を超えているそうですが、ボールを投げてスポーツをやったんです。よほど嬉しかったんでしょうね、投げ終わった後、デートしませんかって誘われましたよ（笑）」

老婆の心の高ぶりが伝わってくるエピソードである。ボッチャには、これほどまでに人間の心身を活性化させる力があるのだ。

日本のボッチャ事始め

体験会は約二〇〇人の参加者を得て、盛会のうちに終了した。区民センターのロビーで、古賀に話を聞いた。

現在、千葉県立東金《とうがね》特別支援学校に勤務している古賀は、日本に初めてボッチャを〝輸入〟した人物である。順天堂大学の陸上部で活躍し国体の強化選手にもなった古賀は、大学卒業後、千葉県の養護学校（肢体《したい》不自由）の体育の教員になった。

体育とは縁がなさそうに見えた養護学校の生徒たちのなかに、実は体を動かすことが好きな生徒が多いことに気づいた古賀は、脳性麻痺でも（肢体不自由の生徒の多くは脳性麻痺である）楽しめるスポーツはないかと探しているなかでボッチャと出会い、当初はレクリエーション的に授業のなかに取り入れていた。古賀が言う。

「養護学校の教え子に陸上をやっていた女生徒がいて、卒業後も何かスポーツをやりたいというので、一九九五年にイギリスで開催された脳性麻痺者の国際スポーツ大会に彼女と彼女の介助をしていた渡辺美佐子（現・連盟常務理事）を連れていって、陸上の試合の傍らボッチャのワークショップと競技に参加したのです」

古賀は一九九七年に日本ボッチャ協会を設立して理事長に就任すると、一九九九年に第一回の日本選手権を開催している。世界的に見れば、ボッチャはすでに一九九二年のバルセロナパラから正式種目に採用されているが、日本代表が初めてパラリンピックへの出場を果たしたのは二〇〇八年の北京パラ。古賀が協会を設立してから、実に一一年後のことであった。

古賀は北京パラとロンドンパラで日本代表の監督を務め、ロンドンでは七位、ロンドンパラに先立つワールドカップ（北アイルランド・ベルファスト大会）では、準決勝で強豪タイを破って銀メダルを獲得するという業績を残している（金メダルは韓国）。

しかし、ボッチャの名前が人口に膾炙《かいしゃ》するようになったのは、二〇一六年のリオデジャネイロパラで日本代表（混合団体ＢＣ１・ＢＣ２）が銀メダルを獲得してからである。このときの銀メダルチームは杉村英孝、廣瀬隆喜、藤井友里子、木谷《きたに》隆行の四人。いずれも古賀が育てた選手たちだが、古賀はなぜかリオパラの前に自ら設立した日本ボッチャ協会の代表理事を辞し、二〇一四年、渡辺とともに「日本ユニバーサルボッチャ連盟」を立ち上げている。

「私はロンドンの後、メダルを目指すよりもボッチャの裾野を広げる方向に意識を変えたのです。臨時の理事会で大阪府立大学に事務局を置くことになって、当時副会長だった府大の奥田さんが代表理事に就任されたわけです」

奥田とは、奥田邦晴《くにはる》大阪府立大学教授（総合リハビリテーション学研究科）のことである。では、「連盟」と「協会」の何が違うのかといえば、日本ボッチャ協会は、いわゆる〝中央団体〟ということになる。中央団体とは公益法人である日本障がい者スポーツ協会に加盟する団体であり、日本障がい者スポーツ協会は一種目について一団体しか加盟を認めていない。古賀の「連盟」は日本障がい者スポーツ協会の加盟団体ではないから、つまり中央団体ではない。

中央団体とそれ以外の団体で何が異なるかといえば、まず日本スポーツ振興センターからの助成金（強化費）がもらえるのは中央団体だけであり、さらに国際大会に選手を派遣できるのも中央団体だけである。

つまりパラリンピックやワールドカップなどの国際大会への参加を目指す選手は、協会に選手登録をしなければならないのだ。もちろん、古賀の連盟や地域団体に所属する選手が協会の登録選手になることは可能であり、ひとつの団体にしか所属できないわけではない。

脳性麻痺者の限界を超える

大阪府立大学のI－siteなんば（大阪市浪速区）に奥田を訪ねた。

古賀が日本に初めてボッチャを輸入した人物だとすれば、奥田は日本のボッチャに初めて科学的トレーニング（ボッチャ・トレーニング。通称ボチトレ）を持ち込んだ人物である。

もともと理学療法士であり、協会からクラス分けを依頼されたことをきっかけにボッチャとかかわることになった奥田は、従来、脳性麻痺者にはタブーとされていたトレーニングが必ずしも危険ではないことを理学療法士としての知見を活かして科学的に実証し、日本のボッチャ界に革命を起こしたと言っていい。

奥田は、ボッチャのなかでも特にパラリンピックを目指す競技スポーツとしてのボッチャを、新しいステージに引き上げようとしている。

「私は、障がい者はひとり三役だと言っています。まず医療機関にかかっているときは患者ですね。社会に出ると障がい者と呼ばれますが、スポーツの世界では主人公になりヒーローになれる可能性がある。実際、杉村選手や廣瀬選手はリオで銀メダルを取って、ヒーローになりました」

患者は医療機関で治療を受けることによって「治る」が、障がい者はリハビリテーションを受けることによって治ることはないものの、人生をよりよい方向に向けることができる。では、スポーツは障がい者に何をもたらすかといえば、主人公になりヒーローとなることによって「自己実現」を果たせるのだと奥田は言う。

「病気や怪我で入院した人が障がい者となって退院するとき、退院の場面には、われわれのような理学療法士が立ち会うことが多いのです。そこで理学療法士がひと言『こんなスポーツあるけどどう？』と伝えることで、障がい者がヒーローになる可能性が出てくる。私は障がい者の生活を支えるプロである理学療法士として、彼らがヒーローになる力をもっていることを社会に発信したいのです。廣瀬選手なんて、いまやタレントですよ」

ただし、障がい者が競技スポーツの世界に入っていけば、健常のアスリートと同じように怪我をしたり、体を壊してしまうリスクもある。

「パラリンピックはアスリートの世界であり、競争と勝敗の世界ですから、リハビリテーションやレクリエーションの延長で勝てるような世界ではないのです。私は、それまで筋肉を緩めるストレッチがトレーニングの中心だった脳性麻痺の選手についても、細かく身体のデータをとりながら、体幹や心肺に少しずつ負荷をかけて能力を引き上げていく科学的トレーニングを取り入れました。いまのところよい方向のエビデンスしか出ていません」

奥田が目指そうとしているボッチャの世界とは、いったいどのようなものだろうか。

「二〇二〇年までのショートタームで言えば、とにかく勝たせることですね。日本代表が金メダルを取ることによってボッチャがメジャーになり、障がい者がリスペクトの目で見られるようになる。しかも、ボッチャは障がい者だけでなく高齢者でも子どもでもできるスポーツですから、共生社会の実現に貢献できる。ボッチャには社会を変えていく力があるんですよ」

ボッチャが誰にでもできるスポーツであり、やってみると面白いことはすでに体験済みだ。奥田は競技ボッチャではなく誰もが楽しんでやれるボッチャのことを「i-BOCCIA」と名付けて、その普及にも取り組んでいる。iにはintimate（親しみやすい）、inclusion（共に）、interest（面白い）という三つの意味があるという。

オリとパラは融合すべきか

再び、古賀の話に戻ろう。

協会を離脱した古賀が日本ユニバーサルボッチャ連盟を設立したことはすでに述べたが、この「ユニバーサル」という言葉には、「誰もが楽しく参加できる」という意味が込められていると古賀は言う。

「ボッチャは、障がい者でも高齢者でも誰でもできるスポーツです。しかし、地域に根差したものになっていかないと、遠くへ出かけるのが難しい重度の子たちがボッチャをやることはできません」

競技ボッチャの世界から離れた古賀は、地域をベースにした普及に力を入れている。協会のi-BOCCIAに近いものを感じるが、古賀の主眼は必ずしも「健常者へのボッチャの普及」にあるわけではない。

「私は特別支援学校の教員をやってきましたが、卒業後もボッチャを続けたいという教え子がいても、練習の場がないとできないのです。しかし、地域にボッチャをやる健常者が増えていけば、健常者の集団のなかで障がい者が練習をし支援してもらえるようになる。教え子たちがボッチャを継続して地方の大会に参加したりすることは、彼らの大きな生きがいになります。そういうところからパラを目指したいという子が出てくるなら、それはそれで、いろいろなサポートの方法があると思うのです」

古賀のボッチャ普及活動の主眼は、あくまでもボッチャを通して障がい者を理解し、支えてくれる健常者を増やすことにあるのではないか。

では、協会の普及活動の主眼はどこにあるだろうか。普及活動の中心にいる村上光輝《みつてる》に話を聞いた。

「実は私、スポーツって体に悪いと思っているのです。大学ではサッカーをやりましたが靭帯《じんたい》とアキレス腱を切って手術も受けています。では、体を傷《いた》めてまでなぜスポーツをやるのかと言ったら、楽しいからです。いくら競技団体がガツガツ広めようとしたって、楽しくないスポーツは広まりません。リオパラで日本代表が銀を取ったことで、たしかにボッチャの名前は広まりましたが、『重度障がい者のスポーツ』という部分だけが有名になって、実際にどんなスポーツなのかはほとんど浸透しませんでした。私はボッチャから、『重度障がい者の』という枕詞《まくらことば》を外したいのです」

奥田も古賀も村上もボッチャを健常者にも普及させたいという点では一致している。しかし、村上の考え方には、ボッチャの再定義という大胆な側面があるようだ。

「協会は競技団体ですから、当然、パラで勝つことを目指すわけですが、パラを目指さない人はボッチャをやれないとは思われたくない。ボッチャが、ダーツやビリヤードのように手軽で楽しいスポーツとして一般に普及していって、たまたまそのトップレベルの大会がパラだという形になればいいと思うのです。ボッチャは障がい者と健常者が一緒にプレーできる数少ないスポーツのひとつですから、いずれ世界中からフルオープンで（障がいの有無に関係なく）選手を招く国際大会を開きたいですね」

協会は、こうした大会のひな型である「東京カップ」という大会を、すでに二〇一七年から開催している。東京カップは障がいの有無に関係なく参加できる「国内初の本格的インクルーシブ大会」であり、ボッチャ以外のオリ・パラの選手で構成されるアスリートチームや企業のボッチャ部、そしてボッチャの日本代表選手で構成される火ノ玉ＪＡＰＡＮなど、多様なチームが参加している。現在は国内大会だが、ゆくゆくはこの大会を国際的なフルオープンの大会にしたいと村上は言うのである。では、パラのボッチャはどうするのか。

「オリとパラを一緒にやったら楽しいだろうと思いますね。ボッチャがオリンピックの正式種目になって、そこに障がい者が参加するのもありだと思うのです。オリンピックの種目って、結局、世界で競技人口が多いスポーツが採用されるので、ボッチャの楽しさが広まって競技人口が増えていけば、ボッチャがオリンピックの種目に採用される可能性はあると思います」

　村上は「全国キャラバン」を組んで、ボッチャの普及に全力を注いでいる。特別支援学校や小学校での普及活動と並行して、プロ野球やＢリーグの試合会場にボッチャ体験のコーナーをつくり野球やバスケの選手とファンを対戦させるといった、斬新な手法も採用している。

「ボッチャのイベントをやりますと言うと、どうしても福祉関係の人ばかり来てしまうんです。でも、われわれがボッチャを広めたいのは一般の人です。私はボッチャから、福祉という言葉も外したいのです」

　意味や意義があるから広めようとしてもなかなか広まらないが、楽しければ広まるという村上の考え方は、たぶん正しいのだろう。しかし、パラスポーツはあらゆるレベルの障がい者に参加の道をひらくために、クラス分けという仕組みをもっている。細かなクラス分けの存在がパラスポーツの競技性やゲームとしての面白さを殺《そ》いでいることは、これまでの取材で何度か感じてきたことだが、だからといって、インクルーシブという名のもとに「何でも一緒」にしてしまったら、ボッチャはオリンピック種目にはなれるかもしれないが、そこから障がい者は排除されるのではないか。

「健常のプレーヤーが増えると障がい者の出る幕はなくなるかというと、そんなことはなくて、車いすの人のほうが下肢が安定するので有利だったりします。健常者が競技用具として車いすを使うなんていう逆転現象が起きてくるかもしれません。ボッチャは、ランプを使ったりアシスタントを使うことで障がい者の競技をサポートする仕組みももっていますから、私はクラス分け云々はあまり気にしていません。要は勝てばいいんです」

つまり、仮にボッチャがオリンピックの種目になったとしても、そこに障がい者が出場できる可能性はあると村上は考えているわけだ。村上は江崎駿の抱えているジレンマについては、どのような感想をもつだろうか。

「彼はものすごく吸収力があります。これをやったら面白くない？　と言うと、若いのに『あーこういうことですか』ってすぐにできてしまう。だから教えていて楽しいし、彼自身も楽しんでいると思います。彼はまさに、ボッチャの楽しさを体現している存在だと思いますね。ＢＣ４でできなくなったら引退しますと言うかもしれないけれど、ＢＣ３でやれば？　と提案するのはナンセンスかもしれないと最近思います。スポーツは、楽しくなくなったらやめればいいんです。彼の体が変化したら、ボッチャとは違う楽しみを探せるかもしれません」

取材を通じて、古賀はボッチャを福祉の一環として捉え、奥田は社会変革のツールとして捉え、村上は純粋にスポーツとして捉えていると感じた。

私は村上が語る「スポーツとしてのボッチャ」の未来像には賛同する。しかし、障がい者と健常者が一緒に競技をすることが、共生やインクルーシブという理念の実現なのだとすれば、障がい者だけが集《つど》うパラリンピックの存在意義とはいったい何なのかという疑問が残る。

小山が言った「パラはパラでいい」という言葉が、頭から離れない。

河口恵（右）、和田直人（左）とともにジョグに励む道下美里選手

チーム道下

パラマラソンランナー

道下美里

みちした・みさと

1977年、山口県下関市生まれ。三井住友海上火災保険所属。中学2年生のころ、角膜の病気で右目の視力を失い、25歳のときに左目もかすかにしか見えない状態に。その後、30代から本格的にマラソンを始め、2014年、当時の世界新記録に相当する記録をマークするなど、日本を代表するトップランナーに成長。16年、リオデジャネイロパラリンピックに出場し、視覚障がい者女子マラソンで銀メダルに輝いた。

炎天下の福岡・大濠公園

福岡県福岡市の中心地にある大濠《おおほり》公園の始まりは、黒田長政が福岡城を築城する際、博多湾の入江の一部を埋め立てて外堀の一部としたことにある。明治維新で福岡城が廃城となった後に公園として整備されたが、元が城の外堀だけに約四〇ヘクタール（東京ドーム八・五個分）という広大な敷地の半分以上を池が占めている。

池の畔《ほとり》から水の中を覗《のぞ》いてみると、ブルーギルとブラックバスという二大外来魚が大量に生息している。一メートルを超える巨大な草魚《そうぎょ》が悠然と泳ぐ姿も見えたが、こちらも中国原産の外来魚である。池の周囲は約二キロ。黄色いゴムチップが敷き詰められたジョギングコースが整備されており、早朝から多くの市民ランナーが走っている。

二〇一八年七月二六日、九時三〇分。

待ち合わせ場所に指定されたのは、貸ボート乗り場付近。気温はすでに三〇度を超えており、木陰に入っていても汗が流れてくる。現れたのは、長髪に青いバンダナを巻いた背の高い男性と、「伴走　GUIDE」と書かれた黄色いゼッケンをつけ赤いガイドロープを手にした中背の女性、そして一見子どもと見紛《みまが》うほど小柄な女性の三人組である。身長一四四センチとは聞いていたが、肩幅も狭く、これほど華奢《きゃしゃ》な体型をしているとは思わなかった。

道下美里、ブラインド・マラソン（T12クラス）の世界記録保持者である。

「お早うございます」

声をかけると、「ニカッ」としか形容しようのない完璧な笑顔を見せた。日に焼けた顔に純白の歯が映える。三人は、準備体操もそこそこに大濠公園を周回するコースを走り始めた。

大濠公園の池は楕円形をしており、その長辺に柳島、松島、菖蒲《しょうぶ》島という三つの島が配置され、三つの島は四本の橋で結ばれている。この、日本屈指と言われる美しい水景をバックに、三人はゆっくりとしたペースでジョギングを続ける。計ってみると一周約一五分。一キロ当たり約七分半だから、フルマラソンを一キロ四分一五秒のペースで走り抜く道下にしてみれば、相当なスローペースだ。

道下が黄色いゼッケンをつけた女性と赤いガイドロープでつながった状態で、笑顔を浮かべながら楽しそうに走っていく。近寄ってみると、わずかに後方を走る長身の男性と他愛もないおしゃべりに興じていた。

「トウモロコシって便利ですよね」

「皮つけたまま電子レンジでチンできるの知ってた？」

この日は、こののんびりしたペースのまま大濠公園を八周したが、途中でゼッケンをつけた女性のガイドランナーが後退して、男性が真横を走るシーンがあった。練習終了後、男性（和田直人《なおと》）にその理由を聞いてみると、ガイドランナーが給水をしたからだという。

「みっちゃんは給水しなかったんです。五〇〇メートル地点に給水のボトルを置いているんですけどね」

気温はすでに三五度近い。いくらジョギングとはいえ、この炎天下を一滴の水も飲まずに連続して二時間走るのは危険ではないのか。和田が言う。

「たぶん、東京パラを意識しているんでしょう」

道下に尋ねてみると、

「世界の速い人たちが、どんな練習をしてるかってことですよね」

と言って、またしてもパーフェクトな笑顔を見せた。

忍び寄る病魔と調理師の夢

道下美里は一九七七年生まれの四一歳である。およそ四一歳には見えないが、東京パラリンピックが開催される二〇二〇年には四三歳になっている。

実家は山口県下関市で本屋を経営していた。市内に数店舗をもち教科書も販売していたというから、それなりの規模だったのだろう。稼業が忙しく外食が多くなりがちだったこと以外、特段変わったところのない家庭環境だった。道下自身も、

「(同窓会などで)学校の先生が名前を覚えていないような、ごく普通の女の子でした」

と言う。

道下の人生に変化が訪れたのは、小学校四年生のときだった。右目に膠様滴状《こうようてきじょう》角膜ジストロフィーという難病を発症したのだ。角膜にアミロイドという物質が沈着して徐々に視力が低下していく、進行性の難病である。最初は磨《す》りガラスを通して見ているような感覚になるそうだが、アミロイドが角膜全体を覆ってしまうと失明してしまう。道下が言う。

「でも、小学校時代は左目が見えていたので、日常生活にあまり支障はありませんでした。目薬をさすと白い目ヤニが出るので、それを友達から指摘されるのが嫌だったぐらいですね」

中学では陸上部に入ったが、それほど目立つ選手ではなかった。中二のとき、二度目の変化が訪れた。母親の強い勧めで角膜移植手術を受けたのである。道下の病気には効果のある手術だと言われていたが、術後の経過は思わしくなく道下の右目は完全に光を失ってしまった。

高校では卓球部に所属した。右目を失明してしまったので遠近感がつかめず、あまり上達はしなかった。それでも左目の視力が〇・五程度はあったから、ボールの影を頼りに打ち返すぐらいのことはできた。

学科は国語や英語などの文系科目よりも数学のほうが圧倒的に好きで、数学の試験でいい点数を取るために英語の勉強を捨ててしまうほどだった。

「数学はできましたけど、相変わらずおとなしくて目立たない普通の子だったと思います。運動制限があって水泳はできませんでしたが、体育の授業も普通に受けていました。でも、バレーボールなんかをやると遠近感がないからミスしちゃって、そういう点はちょっと普通の人とは違うのかなという意識はありました」

短大時代は〝モテ期〟だったと、本人が言う。下関から福岡の短大に進学し、親元を離れてひとり暮らしを始めたが、妙にモテた。

「田舎の出身でしたから、福岡みたいな都会に出てきたらおしゃれしなきゃ、なんて思っていたんですね（笑）。オールナイトでカラオケを歌ったり……。短大時代はよく遊んだなーという感じです」

下宿していたマンションの近くにあったレストラン「マラガソル」で、ウェイトレスのアルバイトをした。すでに閉店しているが、釜めしとステーキを出す高級レストランだった。

そのマラガソルで、道下は一風変わった男性と出会うことになる。

「私がバイトに入って、その人と初めて会った日に『結婚を前提に付き合ってください』というアプローチをしてきたんですよ。九州の男の人ってこんなに積極的なのかと思いましたけど、それにしても変わった人でした。でも、そのときはお付き合いをしている人がいたので、ごめんなさいをしました。私、ふたりの男性と同時に付き合えるような人間ではないので」

初対面でいきなりプロポーズをして、当然のごとく振られたこの〝変わった人〟こそ、後に道下の夫になる人物なのだが、夫の言い分は後で聞くことにしよう。

福岡時代は、道下にとって楽しい思い出に満ちた時代だった。短大を卒業して下関に帰り、ひとり暮らしで覚えた手料理を実家で披露すると、母親がことの外《ほか》喜んでくれた。調理師免許を取って、いずれレストランを開業することが道下の大きな目標になった。

調理師免許を取得するには二年間の実務が必要だ。道下は下関のレストランで働きながら、夢を実現するための日々を重ねていった。

もう一度彼女に会いたい

西鉄下大利《しもおおり》駅（福岡県大野城《おおのじょう》市）から徒歩三分ほどの距離に、「レ・グラン」という喫茶店がある。ギャラリーも兼ねている広い店内には絵画やステンドグラスなどが飾られ、店の奥にはライブ・コンサートを開くのか、ドラムセットとアップライトのピアノが置いてある。道下の夫、孝幸《たかゆき》はこの喫茶店の近くで建築事務所「&. Link」を開業している。

待つことしばし。レ・グランに現れた〝変わった人〟は、穏やかに話すなかなかのイケメンであった。見た目はまったく普通だが、話を聞いてみるとやはり少々変わっている。

まず聞いてみたかったのは、マラガソルでのプロポーズの一件だ。本当に、会ったその日にプロポーズをしたのだろうか。

「はいそうです。初対面で結婚してほしいと言いましたし、その後も、バイトで顔を合わせるたびに、常に結婚してほしいと言い続けました」

なぜ、そんなことをしたのか。生粋《きっすい》の九州男児にとって、それは当たり前のことなのだろうか。

「いや、それまでに好意を寄せた女性は何人かいましたけれど、あんなことを言ったのは初めてでした。他の女性には申し訳ないのですが、彼女はレベルが違ったのです。それまでに会った女性とは格が違いました。ビビビッときてしまったのです」

その時点ですでに道下は右目を失明しており、右目は白濁《はくだく》していたはずである。

「会った瞬間は、彼女が目に障がいをもっているなんて思いもしませんでした。それに、片目が見えないなんて、もう二の次以下の問題でした。一目惚《ひとめぼ》れというか、ど真ん中というか、私のほうが盲目になってしまったんです」

しかし、当時の道下には交際相手がいた。その男性は同性の孝幸から見ても素敵な人物だったというから、打つ手がなかった。

「いくら私のほうがビビッときても、これは無理だなと思いました。私は二年ほどマラガソルでバイトをしましたが、卒論やら設計やらが忙しくなってきてやめました。彼女は私がやめた後も続けていたと思います」

孝幸は福岡大学の建築学科を卒業した後、建築事務所に就職する。その後何度か職場を変えたが、「おそらく長く勤めることになるであろう会社」に転職することになったとき、それまでの人生でやり残したことはないかと自問自答した。

「そうしたら、どうしても彼女に会いたくなってしまったのです。衝動的に下関に会いに行ってしまいました」

会いに行くといっても、アルバイトをやめてからすでに八年もの歳月が流れていた。手がかりは、実家が下関で本屋をやっているということ以外になかった。孝幸は、それだけを恃《たの》みに下関へ向かった。それで会えなければ、縁がなかったと諦めるつもりだった。

実家の本屋を訪ねてみると、道下によく似た母親が店番をしていた。

「警戒されないように来意を伝えましたけれど、緊張しました（笑）。でも、残念ながら彼女はいなかったのです。ああ、こういう縁だったんだと思って、お店を後にしました」

下関から福岡へ戻る途中、孝幸の携帯電話が鳴った。道下からだった。母親が孝幸の来訪を伝えてくれたらしい。道下が会ってもいいという。待ち合わせの場所を決めると、孝幸は勇《いさ》んでUターンをした。

待ち合わせの場所に現れた道下は、白い杖をついていた。

風を切って走る

短大を卒業し、下関のレストランで実務経験を積んだ道下は無事に調理師免許を取得して、レストラン経営という夢に向かって邁進《まいしん》していた。

そんな道下の左目に異変が起こったのは、二〇代の半ばだった。右目と同じ難病を発症してしまったのである。しばらくは調理の仕事を続けていたが、病気は徐々に進行していった。

「料理に髪の毛が入っても気がつかないレベルになってしまったとき、ああ、もうレストランを経営するのは無理だなと思いました」

仕事をやめて、実家の本屋でレジ打ちなどの手伝いをするようになったが、やがてレジの数字を読むのも難しくなっていった。

「ある日、本を買いにきた小さい子がレジにいる私の顔を見て、『お姉ちゃんの目、怖い』と言ったのです。それを聞いてレジに立つのも嫌になってしまいました」

道下は引きこもりになってしまった。進行性の病気だから、やがて左目も完全に見えなくなる可能性がある。レストランの経営はおろか、いつかやりたいと思っていたことがすべてできなくなってしまうように思えた。仮に何かをやるにしても、常に人の手を借りなければならないだろう。「足手まとい」という言葉が頭に浮かんだ。

「そんなふうになって、私が生きている意味があるんだろうかって思いました。自分の価値とか役割といったものが、まったく見出せなくなってしまったのです。このまま見えなくなったら何もできなくなる。この先、いったいどうしたらいいんだろうって……」

自宅に閉じこもっている道下を外の世界に引っ張り出したのは、母親だった。道下を何人かの視覚障がい者に引き合わせてくれ、「家におるなら、行けば」と盲学校への入学を勧めた。

二〇〇三年、二六歳という年齢で道下は山口県立盲学校（現在の山口県立下関南総合支援学校）に入学する。同校には幼稚部から高等部までの教育課程の他に、あん摩マッサージ指圧師、鍼灸師を養成する成人向けの三年間のコースがあり、幼児から中高年まで、さまざまな年代の人々が学んでいた。この学校に入学して、道下の意識は変わった。

「仮入学のとき、李《り》さんという五〇代の女性と一緒になったのです。そうしたら李さんが、中野さん（道下の旧姓）はこの学校に来たんだからもう大丈夫ね、と言うんですよ。私はとうとう盲学校なんてところへ来てしまったと思っていたのに……」

李と名乗るその女性は、続けてこう言った。

「前向きな気持ちになって、何かをやろうと思ってこの学校の門を叩いたのでしょう。そういう気持ちになったんだから、もう大丈夫」

山口県立盲学校に正式に入学を決めると、同じ障がいをもち、同じ体験をしている仲間が何人もいた。

「私は左目が少し見えるので、物の影ぐらいはわかるんです。だから道端に看板があって影ができていると、人が立っていると勘違いして『こんにちは』なんて挨拶しちゃうんですけど、返事がない。そんな話をすると、自分もこないだやったよなんて大笑いになって、ああ、みんな同じような経験してるんだって気が楽になって、私も何かできることをやろうって気持ちになれたんです」

教師の存在も大きかった。

「盲学校の先生の多くは視覚障がい者なんです。目の見えない人が、先生として指導してくれるんです。もう、生きるお手本ですよね。いったい自分は、いままで何をしていたんだろうって思いました」

盲学校のグラウンドは芝生の部分と土の部分に分かれており、そのコントラストを認識できる弱視の生徒ならひとりで走れるように工夫されていた。体育の授業では、伴走者と一緒に音源に向かって走る経験もした。久しぶりにランニングをした道下は、中学の陸上部で味わった「風を切って走る気持ちよさ」を思い出した。

「私の左目は中央が白く濁《にご》っているので、外光が弱いときは真横に人がいるのはわかるんですが、足元のマンホールやアスファルトと土の境界はよく見えません。でも、人間って慣れるんですね。走るルートさえ記憶してしまえば、走れるんですよ」

放課後にランニングの練習を重ねた道下は、短距離走と中距離走の選手として山口県障がい者スポーツ大会に出場して、いきなり、六〇m走と八〇〇m走で優勝してしまう。県代表として障がい者の国体と呼ばれる第四回全国障害者スポーツ大会に出場すると、ここでも六〇m走、八〇〇m走ともに優勝してしまった。

「それで、勘違いをしてしまったんですね。日本で一位になったんだから、次はパラリンピックに出場したいって」

盲学校三年のとき、体育の教師として安田祐司《ゆうじ》が赴任してきた。前任の体育教師から道下がパラリンピックに出たいと希望していると聞いた安田は、道下を本格的に指導することになった。

「私、ずっと目立たない普通の子だったこともあって、それまでの人生で自分のことを気にかけてくれる先生に出会ったことがなかったんです。でも安田先生は、パラに出たいという私の夢に対して三六五日一緒に行動してくれた、本当に素晴らしい先生です」

安田の献身的な指導でめきめきと実力をつけた道下は、二〇〇六年のジャパンパラリンピック競技大会の八〇〇mと一五〇〇mの両方で優勝を飾った。

「安田先生は盲学校を卒業した後も指導してくださいました。私の障がいは情報障がいでもあるので、大会の情報を調べてくださったり、エントリーシートを書いてくださったり、伴走者を探してくださったり……。先生のモットーはユーモアを交えながら楽しくやることでした。きつい練習の後には、ご褒美《ほうび》に美味《おい》しい物を食べに連れていってくれたりしました。だから先生の周りには、人が集まるんです」

こうして道下は、二〇〇七年の「IBSA World Games」（ブラジル）に日本代表として出場することになったのである。日本一の次はパラリンピックという〝勘違い〟が、現実のものになろうとしていた。

自分にできることは何か

道下の夫、孝幸の話に戻ろう。

孝幸は白杖《はくじょう》をついて現れた道下を、待ち合わせ場所近くの建物の二階にあった喫茶店にエスコートした。それが視覚障がい者を介助する、生まれて初めての経験になった。孝幸が言う。

「彼女に会うのは八年ぶりでしたが、やはりビビッときてしまいました。もちろん、八年のあいだに何人かの女性と交際しましたが、やはり別格だなと」

道下は、孝幸の反応をどう受け取ったのだろうか。

「この人、目が見えないってことを本当にわかっているんだろうか、私がどんな生活を送っているのかイメージできているんだろうかって思いました」

道下が孝幸に言った。

「私、両目が見えなくなって盲学校に通っているんですよ。わかりますか？」

孝幸が言った。

「わかった。じゃあ結婚しよう」

道下は「意味わかりませんよね」と言って笑うのだが、この再会を契機としてふたりは交際を重ね、二〇〇九年、本当に結婚してしまったのである。

私は、ふたりが結婚の意思を固めた際の、孝幸の両親の反応が知りたかった。孝幸が言う。

「もちろん最初は、目の見えない人なんて大変なんじゃないの、という反応でした。でも私には、一度会えば絶対にわかってくれるという自信がありました。実際に会って話をした後、両親が彼女についてマイナスなことを言ったことは一度もありません」

ふたりは、孝幸の地元である福岡に新居を構えることになった。左目でわずかに光を感知できる道下は、買い物から料理まで、家事の大半をひとりでこなしている。料理には黒と白、二枚の俎板《まないた》を使う。白っぽい食材は黒い俎板に、色の濃い食材は白い俎板にのせると食材の輪郭がはっきりする。その輪郭を頼りに包丁を入れていく。孝幸が言う。

「自分の家の中や馴染みのスーパーマーケットなど、どこに何があるかがわかっている場所であれば、日常生活に何の支障もありません」

それにしても孝幸は、道下のいったいどこに「ビビッときた」のだろう。

「笑顔、ルックス、声もいいし、人なつっこくて誰にでも話しかけるし、真面目だし……。そう、ひねくれてるところがまったくないところですかね」

道下は二〇〇七年のIBSA World Gamesへの出場は果たしたものの、八〇〇mは予選落ち、一五〇〇mで五位と振るわず、北京パラの代表選考レースにも敗れて中距離に限界を感じていた。しかし、安田の「長いほうが向いているかもしれない」という言葉もあって、一度だけ走ってみようとトライしたフルマラソンで、それまでにない楽しさを味わうことになった。

「中距離は閑散《かんさん》とした陸上競技場を孤独に走るだけでした。パラの場合は特に寂しいですよね。でも、マラソンって地域一体型のスポーツなんですね。沿道からの声援がすごくて、とても楽しかったのです」

道下は福岡に転居すると、大濠公園を拠点とする「大濠公園ブラインドランナーズクラブ」（ＯＢＲＣ）のメンバーとなって、フルマラソンに本格的に挑戦するようになる。そして道下の情熱に巻き込まれる形で、ＯＢＲＣのなかから「チーム道下」と呼ばれる伴走者集団が立ち上がってくるのである。

〝ごく普通の女の子〟だった道下が、マラソンに打ち込む人間に生まれ変わったのはなぜだろうか。

「中学二年で角膜移植手術を受けて右目を完全に失明してしまったとき、私、見えなくなったのは手術を勧めたお母さんのせいだ、手術をしなければ見えたかもしれないって、母親を詰《なじ》ったことがあるんです」

道下が角膜移植手術を受けたのは一九九〇年。膠様滴状角膜ジストロフィーが劣勢遺伝（両親ともに原因となる遺伝子をもっていないと発症しない）であることが明らかになったのは、一九九九年のことだった。

「中学生のころは、まだ遺伝性の病気だとわかっていなかったのです。それがわかってからは、絶対に親のせいだと言ってはいけないと思っていますが、きっとお母さんのなかには私が言ってしまった言葉が残っているんです。でも、二〇代で両目が見えなくなったからこそ、気づけるようになったことがたくさんあるんですよ」

たとえばそれは、心身に障がいをもった人の気持ちや、社会から冷遇されている高齢者の気持ちだという。道下は一時期、自分の存在意義を見失いかけて死すら意識した。だがいまは、そうした人々の気持ちを広く世の中に伝えていくことこそ自らの役割だと、確信している。そのためには、二〇二〇年の東京パラリンピックで金メダルを取って、より発信力を高めていくしかない。だから、ひたすらに走るのだ。

「そういう役割をもてたのも両親のおかげだって、いまは感謝しているんです」

道下の両目から、大粒の涙が溢れた。

高度なスキルを要求される伴走

道下を支える日本最強の伴走者集団「チーム道下」のなかで、現在、平日の火曜日、水曜日、木曜日の午前中の伴走を担当しているのが、道下と同じ三井住友海上火災保険に勤務する河口恵である。火曜日と木曜日はゆっくりとしたペースで大濠公園を周回し、水曜日は別のグラウンドを速いペースで走る練習を積んでいる。

ブラインドランナーとはいえ、二時間五六分一四秒という世界記録をもつ道下は相当に速い。サブスリー（三時間切り）が夢と言われる市民ランナーのレベルで道下の高速練習のパートナーを務めるのは難しい。河口が現在、複数いる道下の伴走者のなかで、高速練習のパートナーという重要な役割を担っているのは、河口自身がアスリートだったからだ。河口が言う。

「私は小学校の二年生のときから陸上クラブに入って、短距離、長距離両方の練習をしてきました。中学からは長距離専門の選手になって、全国で一位にはなれませんでしたけれど、一五〇〇ｍで九州大会、全国大会に出場しました」

その後も河口は、高校駅伝の強豪校、北九州市立高校に進学して陸上を続けた。北九州市立高校は河口が三年生のとき、北九州地区代表として全国高校駅伝（女子第二五回大会）に出場を果たし、全国で一七位という成績を収めている。河口は補欠ではあったが、このときの代表チームの一員として大会に参加している。

高校を卒業して三井住友海上の女子陸上競技部に入り、上京した。週に三日だけ一般事務をやり、それ以外のすべての時間をトラックにも駅伝にも対応できる体づくりに費やした。

ちなみに三井住友海上は、全日本実業団対抗女子駅伝競走大会で最多の優勝七回を誇り、マラソンの土佐礼子や渋井陽子などの名選手を輩出している陸上の名門である。それだけに、厳しい世界だった。

「私は二〇一四年から一六年まで女子陸上競技部に所属していましたが、実業団は結果を出さないと生き残れない世界です。私は壁を越えることができなかったので、一度気持ちを切り替えて、社会人として頑張っていくことにしたのです」

河口は二〇一六年二月七日の第五四回愛媛マラソンで初めてフルマラソンに挑戦し、二時間四九分五三秒という記録で二位に入賞したが、このレースを最後に引退を決意している。三井住友海上の女子陸上競技部に入部して、わずか一年一一カ月しか経っていない。いったい河口に、何があったのだろうか。

「走る楽しさを見出せなくなり、心と体が伴わなくなってきて。気持ちが弱かったのだと思います」

聞きにくいことだったが、敢《あ》えて尋ねた。それは、挫折をしたということだろうか。

「挫折……そうですね。気持ちが入らなかったし、そこからもう一度復活するということができませんでした」

女子陸上競技部を引退した河口は、二〇一六年三月、故郷の福岡に異動することになった。その月の終わりごろ、上司のひとりから新しく入る道下というブラインドランナーが安定した伴走者を求めているが、やってみないかと打診された。

「そのころは、個人的に週一、二回は走っていたのですが、気分転換で走りに行く程度でした。また、道下さんと出会うまでは、ブラインドマラソンというスポーツがあることすら知りませんでした。ですが、道下さんの伴走をやっているうちに、達成感を得始め、私自身も少し

ずつ挑戦したいものが見えてきて、もう一度頑張ってみようという気持ちになってきたのです。そうしたら、走るのが楽しくなってきたんです」

河口の気持ちに変化を起こしたのは、道下の存在もちろんだが、「チーム道下」のメンバーの存在も大きかった。

「チーム道下のメンバーはとても楽しくやっているのです。そして、東京二〇二〇パラリンピックで金メダルを取るという大きな目標に向かって、チーム全体で一緒に頑張っている。私はそこに共感しているんです」

生粋《きっすい》のアスリートだった河口が、道下という他者のメダル獲得を支援したいという心理が、私にはいまひとつ理解できない。アスリートとは、ルール違反以外のあらゆる手段を尽くして、自らが勝者になるために厳しい練習に耐え抜く存在ではないのだろうか。

「私と道下さんは身長も歩幅もピッチも違うので、ひとりで走るときの倍ぐらいキツイですが、設定タイムをクリアできたときの喜びや達成感も倍になるんです。一緒に練習するなかで東京二〇二〇パラリンピックの舞台で一緒に走りたいという気持ちが大きくなり、道下さんの目指している金メダル獲得に向けて頑張りたいと思うようになったのです。道下さんやチーム道下の仲間と出会い、いろいろなことに挑戦するなかで多くのことを経験し、学び、達成感を得ています。道下さんが金メダルを取ることが目的ですが、この場所にはメダル以上に得るものがあるんです」

私のように自己顕示欲の強い人間にはにわかに理解しがたい心理だが、河口の明るい表情が、それが真実であることを物語っていた。

長い距離をひとりで走り抜くマラソンは、孤独な競技という印象が強い。しかし、複数の伴走者と走るブラインドマラソンは、健常者のマラソンとは質的に異なるスポーツ、つまりチームスポーツなのかもしれない。そして、伴走という行為は、想像以上に高度なスキルが要求されるものなのかもしれない。

河口は、チーム道下のメンバーにガイドロープを持ってもらって、目隠しをした状態で山登りをしたことがあるという。

「チーム道下のみなさんが、ブラインドランナーの気持ちをわかった上で伴走をやるとぜんぜん違うと教えてくれたので挑戦してみたのですが、体に力が入ってしまって、冷や汗が出てきました」

河口に目隠しをして山登りすることを勧めたのは、チーム道下の主要メンバーのひとりである、ホリウチという男性だという。いったいなぜ、彼らは他者のためにそこまでやろうとするのだろうか……。

ホリウチなる人物に、福岡の西鉄グランドホテルで会うことになった。

彼女の身体の一部となる

待ち合わせ場所に現れた堀内規生《のりたか》はいかにもスポーツマンらしく髪を短く刈って、よく日に焼けていた。

二〇〇四年に日体大を卒業し、現在、医療系の会社で営業マンとして働いている堀内は、かつてプロのスポーツトレーナーを目指していたという。

「私は小二のときから硬式野球をやっていたのですが、高二の冬に肩と腰と股関節を一度に故障してしまって、その後三カ月間、まったく練習ができなかったのです」

福岡県立糸島《いとしま》高校野球部でキャプテンを務めていた堀内にとって、それは痛恨の出来事だった。監督に体の不調を訴えると、「鉄棒にぶら下がれば治る」と言われた。

「そんなことで治るはずがないと思って図書館でいろいろ調べるうちに、立花龍司《りゅうじ》さん（プロ野球のトレーナー）の本に出合って、スポーツトレーナーという職業があることを知ったのです。こういう存在が身近にいてくれれば、もっとプレーができたんじゃないかと思いました」

結局、堀内の体はなんとか野球ができる程度には回復したが、肩が外れやすくなってしまい、高校卒業後も野球を続けるのは難しくなった。代わりに、プロのスポーツトレーナーとして故障した選手を治すことが、堀内の新しい夢になった。

日体大ではそのことを念頭にスポーツ科学コースを選択し、科学的なトレーニングの方法や解剖学などを深く学んだ。しかし、さまざまな事情があって、堀内はスポーツトレーナーの道も断念せざるを得なくなった。

「断念した理由は言いたくありません。大学を卒業して東京の会社に就職をしましたが、三〇歳になるまで何の目標もない腐れた生活を送っていました。毎日酒を飲んで、ぶくぶくに太っていましたね」

現在の引き締まった体型からは想像もできないことだが、あるいは野球選手とスポーツトレーナーというふたつの夢を諦めなければならなかったことが、堀内に自堕落《じだらく》な日々を送らせることになったのかもしれない。

二〇一〇年、さすがにダイエットをしなければまずいと思った堀内は、あるランニングクラブに入って皇居の周囲を走るようになった。

「当時は、一生に一度ぐらいフルマラソンでも走ってみようかな、という程度の気持ちでした」

休日、自宅近くの光が丘公園（東京都練馬区）を走っているとき、堀内はある光景を目にして衝撃を受けることになる。

「伴走者のゼッケンをつけた人とガイドロープを握った人のふたり組が、私の目の前を走っていたのです。何をしているんだろうと思って後をつけたら、伴走者はたまたま私の所属していたクラブのメンバーでした」

伴走をしていた知人が言った。

「この人は目が見えないから、こうしてロープを持って道案内をしているんです」

知人は「バンバンクラブ」という、伴走者と障がい者でつくるクラブにも所属していたのだ。咄嗟《とっさ》に堀内は、こう叫んでいた。

「僕が三時間を切れたら、僕にロープを持たせてください！」

堀内はなぜそんなことを口走ったのだろうか。

「こんな世界があるのかって驚きが大きくて……。とにかくやってみたいと思ったんです」

バンバンクラブで伴走者としてのトレーニングを始めて間もなく、両親が病気をしたため東京での仕事をやめて福岡に戻った堀内は、父親の知人の紹介でＯＢＲＣ（大濠公園ブラインドランナーズクラブ）のメンバーになっている。

ＯＢＲＣは江口裕という会社の経営者らが立ち上げたクラブであり、この江口と道下というふたりの人物との出会いが、堀内の人生を大きく変えていくことになる。

「私は二〇一三年の一月に福岡に帰ってきて、仕事を探しながらＯＢＲＣにも参加していたのですが、最初は道下さんのことをよく知りませんでした。ところが同じ年の一一月にＯＢＲＣのメンバーから連絡がきて、道下さんが一二月の防府《ほうふ》読売マラソンでタイムを狙いに行くけれど、道下さんが速すぎて練習のパートナーが見つからないから堀内君やってくれないかというのです。そこで初めて道下さんのことを知ったのです」

一一月の末、堀内は初めて道下の伴走をした。道下の反応は、「こんなにうまく走れたのは初めて。あの人ともう一度走りたい」というものだった。

一二月の防府読売マラソンの結果は、三時間六分三二秒。道下は自己ベストを更新しただけでなく、これは当時の日本新記録であり、二〇一三年の世界ランク一位の記録でもあった。道下はＩＰＣ（国際パラリンピック委員会）から翌二〇一四年のマラソンワールドカップ（ロンドンマラソン）への招待を受けることになった。そして、道下がロンドンマラソンに招聘《しょうへい》されたことが、「チーム道下」誕生のきっかけとなったのである。

「道下さんのロンドン行きが決まって、私と樋口敬洋《たかひろ》さんに伴走の声がかかったのですが、伴走者の渡航費は出ないかもしれないと聞きました。そこでＯＢＲＣの江口さんがクラウドファンディングを立ち上げて、渡航費を募ったのです。そのとき、江口さんが道下さんと私たち伴走者ふたりのことを『チーム道下』と命名したのが、チーム道下の始まりです」

チーム道下はロンドンで第二位（前半・堀内、後半・樋口）という成績を収め、さらに二〇一四年の防府読売マラソンでは、非公認ながら二時間五九分二一秒という世界記録を樹立する（前半三〇キロを堀内、後半一二キロを樋口）。そして堀内は、二〇一六年のリオパラでも道下の伴走者を務め、青山由佳《ゆか》とともに銀メダルの獲得に貢献するのである。

三〇歳で酒びたりになり、ダイエットのためにランニングを始めたというエピソードからは、到底想像できない展開である。

「コースの展開、段差などの路面状況、他の選手の位置といった視覚情報を短い端的な言葉で伝えて、ブラインドランナーの不安を取り去ってあげるのが伴走者の役割です。たとえば目の前に坂が迫っているとき、『坂』と言うだけではダメなのです。『長い登り坂』という言い方をしないとランナーは安心できない。ランナーと伴走者は日ごろから濃《こま》やかにコミュニケーションを取りながら、共通言語をつくり上げていくのです。私は道下さんから、『ひとりで走っているように走らせてくれる』と言われることが、一番嬉しいですね」

道下より三〇センチも背の高い堀内は、河口同様「背を縮めて走るので物理的にもキツイ」と言う。しかも、そんな辛い思いをしながら「ひとりで走っているように走らせてくれる」と言われたときに喜びを感じるというのである。私はますますわからなくなってきた。

「たしかに伴走は身を削る行為ですし、名誉も与えられません。でも私はトレーナーを目指していたぐらいなので、それは苦ではないんです。私は道下さんの目の代わり、いや、彼女の目だと思って走っているんです」

プロのトレーナーになることを諦めた堀内にとって、伴走とは他者のために尽くしたいという欲求を満たせる舞台なのかもしれない。それにしても、己を無にして他者の身体の一部になり切るなどということが、人間にできるのだろうか。もしそれが可能だとしたら、そうした状況を成り立たせているものとはいったい何だろう。

「私はリオパラに行ったとき、監督から『ここにいる限り、一秒でも自分の時間があると思うな』と言われましたが、伴走をしているときは、本当に彼女の身体の一部だと素直に思えるんです。それは、道下さんの本気度が桁違《けたちが》いだからだと思います。サポートしてほしいという彼女の訴えが本気だから、たとえ私がやらなくても、絶対に誰かが代わりにやると思います」

道下の本気にほだされて、いまやチーム道下は一〇〇人を超える大所帯となった。そのなかには伴走だけでなく会場までの車の運転や給水など、さまざまな場面で道下を支えるメンバーがいる。大会で伴走ができるメンバーは一〇人ほど。そのなかから誰に声がかかるかは、大会の直前にならなければわからない。決めるのは、道下だ。

堀内は東京パラで伴走することを念頭に置いて、リオパラ以降、道下の伴走を封印している。故障を避け、自身の走力を高めるトレーニングを積むためだという。そこまでやって東京パラの伴走者に指名されなかったら、それでも堀内は、わだかまりをもたずに道下に声援を送り、支援を続けることができるのだろうか。

人間はどこまでも変われる

堀内によると、チーム道下のなかには「被害者の会」があるという。会員は道下の夫の孝幸、ＯＢＲＣの江口、堀内、そして堀内とともにロンドンで伴走した樋口敬洋の四人。加害者は言うまでもなく、道下美里である。

被害者の会という名称はもちろんジョークで、道下の〝天然ボケ〟に振り回されている男たちの単なる飲み会だと堀内は言うのだが、私はあながちそうとも思えなかった。よくも悪くも道下に人生を翻弄《ほんろう》されている男たちの集まり、というあたりが正解ではないだろうか。

被害者の会の会員で、堀内の盟友でもあるチーム道下のキャプテン、樋口敬洋は福岡の中心街、天神で歯科医院を営《いとな》む歯科医師である。

カール・ルイスに心酔して陸上に熱中し、西南学院高校時代は、補欠ながら四〇〇mリレーチームの一員としてインターハイにも出場した。九州歯科大学を卒業して東京で仕事をしていたとき、たまたま東京マラソンに〝当選〟してマラソンの楽しさを知った。福岡に戻り、「大濠公園で楽々ラン」といういかにもゆるそうな名称のクラブに所属して大濠公園を走っているとき、伴走をやっているメンバーの紹介で道下に出会った。樋口が言う。

「衝撃を受けました。道下さん、ニコニコしてるのにタイムがすごかったんですよ。ブラインドランナーという存在に出会ったのが初めてだったこともあって、本当にびっくりしてしまったんです」

それが縁となって、二〇一二年五月、樋口は山口一〇〇萩往還マラニック大会で、実に七〇キロという長い距離をひとりで伴走することになった。その後は主に堀内とのコンビで、いくつもの大会で道下の伴走者を務めてきた。

「二〇一三年から一四年ごろ、世界記録を目指していた時期がものすごく楽しくて、あの達成感はいまだに忘れられないですね。二〇一四年に防府で世界記録を出したときは、山口から新幹線で博多に戻ってきて、チーム道下の他のメンバーも集まって打ち上げをやったのですが、もう、嬉し涙が出て仕方ありませんでした」

樋口はチームで目標を定めて、それをみんなで達成できたことが嬉しかったというのだが、彼が道下から受け取っているのは達成感だけではないらしい。

「道下さんは、僕の人生を変えてくれたんです。彼女はパラリンピックの競技種目にすら入っていなかったマイナーな競技の知名度を、自分の力で上げていった。自分の人生を自分で切り拓《ひら》いていった人なんですよ」

樋口によれば、道下は二〇一二年の防府読売マラソンへの参加を、最初は断られたのだといい。伴走者つきで走るという前例がなかったため、安全を保証できないというのが拒否の理由だった。

「僕は頭にきて、『そんな大会出なくていい』と言ったのですが、道下さんは江口さんの伝手《つて》で自ら防府市長に会いに行って、市長の心を動かしてしまったんです」

以降、防府読売マラソンはブラインドランナーの参加に積極的になり、いまや女子ブラインドマラソンの日本選手権大会として位置づけられるまでになった。

「道下さんは可能性を信じて、信念を貫いて努力するという言葉の大切さを、真正面から教えてくれた人なんです。あそこまでやれば人生は拓けるんだってことを、僕に教えてくれたんですよ」

樋口の長男は広汎性《こうはんせい》発達障害という病を抱えている。いわゆる自閉症である。中学三年生で身長は一八〇センチもあるが、樋口とも幼児なみのコミュニケーションしかとれない。ストレスがかかると奇声を発してパニックを起こしてしまうという。

「知的障がい者に対する理解は、身体障がい者に対する理解よりももっと低いと思います。でも僕は、道下さんの生き方に出会って、人間、こんなに変われるんだって驚いたんです。だって六、七年前までは普通の女の子だった彼女が、いまや世界のトップアスリートなんですよ。そのことが僕自身の希望になっているし、息子の未来を信じる力にもなっているんです」

樋口は自閉症への理解を広めるため、多忙な歯科医業の傍ら、全国を飛び回って講演活動を続けている。

「七方美人」

樋口が言うように、道下は可能性を信じて努力するということを、何の衒《てら》いもなく、ひたすらに実践している人間なのかもしれない。言葉にするといかにも平板だが、その信じ方、努力の仕方が尋常でないからこそ、多くの人が彼女への支援を惜しまないのだろう。そして、道下の人並外れたストイックさの前では、個々の伴走者の自己顕示欲など色褪《あ》せてしまうのかもしれない。

夫の孝幸が面白いことを言っていた。道下はたしかに、いつでも誰にでもニコニコしているが、決して八方美人ではなく〝七方美人〟だというのである。ひとり孝幸にだけは、激しい感情をぶつけてくることがあるというのだ。

「彼女は決して、我慢をしながら無理に笑顔を見せているわけではないと思います。でも、決して明るいだけの人でもありません。あの笑顔は、世の中を渡っていくために彼女が見出した武器だと思うのです。でも、武器をずっと持ち続けていると、疲れることもありますよね。彼女は自分の信じることに尋常でなくひたむきになれる人ですが、尋常じゃなく脆《もろ》い部分もある。彼女は強い人なのではなく、ずば抜けて一途《いちず》な人なんですよ」

その一途さこそ多くの人を巻き込み、多くの人を感動させ、河口が、堀内が、そして樋口がそうであるように、多くの人の人生を変えていく力の源泉なのかもしれない。しかしその一途さは、失明という並外れた恐怖と引き換えに獲得されたものかもしれないと、私は思った。

道下へのインタビューの最後に、なぜずっと笑顔でいられるのかと尋ねてみた。

「きっと、幸せだからじゃないでしょうか」

そう言って道下は、再びあのパーフェクトな笑顔を見せた。

トリガー

佐藤圭太選手は、リオパラリンピックで銅メダルを取った

パラ陸上選手

佐藤圭太

さとう・けいた

1991年、静岡県生まれ。トヨタ自動車所属。小学4年からサッカーをしていたが、中学3年時にユーイング肉腫という悪性腫瘍により右下肢を切断。その後高校の陸上部で義足を着けて走り始め、200mで日本記録を樹立。そして中京大学時代の2012年にロンドンパラリンピックに初出場。16年、リオデジャネイロパラリンピックで400mリレー銅メダルを獲得。

寝る時には義足を脱ぐ

七時四五分、愛知県豊田市トヨタ町にあるトヨタ本社の駐車場で、出勤してくる佐藤圭太（二七歳）と待ち合わせた。義足の短距離ランナー（T64＝片側に下腿義足を装着して走るクラス）として、国内のトップに君臨し続けてきた男である。

車から降り立った佐藤は、身長一七七センチのスラリとした体型。ドアを開けて車から降りる動作にも、車から離れて歩く姿にも彼が義足を装着していることはほとんど感じられない。

「毎朝、三〇分ぐらいかけて車で通勤しています。免許を取るときも義足だからって特別な制限はありませんでした。免許に『義足』って書いてあるだけです」

私の免許証に「眼鏡等」とあるのと同じことらしい。インタビュールームで義足は重いのかと尋ねてみると、事もなげにパカッと義足を脱《ぬ》いで持たせてくれた。

「日常用の義足は二キロぐらいあります。同じ長さの生身の足は四キロぐらいあるので、それに比べれば軽いはずですが、フィットしていない義足を履《は》くと重いものを持ち上げているな、という感じがしますね」

足の切断面を「断端《だんたん》」と呼ぶ。義足を装着するときには、断端を覆う靴下のようなシリコン製のライナーを履いてから、ソケットと呼ばれる筒状の部分に断端を入れる。こうした緩衝材を使わないとソケットにぴたりとジョイントしないし、断端に傷ができてしまうという。

「特に足を切った当初の断端は薄い皮膚《ひふ》で巻いているだけで、足の裏のように皮が厚くなかったので、簡単に傷ができてしまいました。だんだん皮膚は厚くなってはきますが、断端にすべての荷重を受けるので、ちょっとしたことで傷ができやすいですね」

断端の先には長さ一〇センチほどのピンがついていて、このピンをソケットの底の穴に差し込むことで、義足が外れるのを防止しているという。

「ライナーは肌に密着してきつく締めつけるようにできているので、正直言って、履くのは嫌ですね。シリコンは汗を吸収しないので、汗をかくとライナーが滑ってソケットの中で動いてしまって傷の原因にもなります」

佐藤は、右下肢を切断した分だけ汗をかく体表の面積が小さく、それを補うために単位面積当たりの汗の量が多いという。そのことがライナーの滑りの原因にもなるそうだ。

「義足はどうしても圧迫感があるので、家にいるときは、基本外していますね。僕は、寝るときも外しています。家の中の移動は、ケンケンで済ませる人もいるようですが、僕はいちいち義足を着けて移動します。着脱は数秒でできますが、正直言って面倒くさいですね」

休日は、家の中で読書をしたりパソコンをいじったりして過ごすことが多いという。陸上のアスリートらしくない気もするが、あるいは、義足をなるべく着けたくないという心理が働くからかもしれない。車いすの場合、段差や通路の幅の狭さが障がいになると聞くが、義足の場合は何が困るのだろう。

「日常生活を送る分には、まったく問題なく何でもできてしまいます。変な話ですが、そのせいで片足がないことを（周囲の人から）忘れられてしまって、長時間歩かされることがあるんです。実は、それが一番辛いんです（笑）。朝起きて足がむくんでいると義足を履くのが痛いので、憂鬱な気持ちになります。極端に言うと、なるべく歩きたくないんですよ」

義足は二足歩行を可能にする〃善《よ》きもの〃だとばかり思っていたが、それが履くと痛いものであり、なるべく外していたいものであるとは、意外だった。

足はもう生えてこない

一九九一年、サッカーの盛んな静岡県藤枝市に生まれた佐藤は、ご多分に漏れずサッカー少年だった。中学時代はキーパーとして活躍しサッカー推薦で高校に進学できるほどの実力をもっていたが、三年生のとき、右足にユーイング肉腫を発症して下肢を切断することになった。ユーイング肉腫とは、骨肉腫に次いで小児や若年者に発症しやすい骨腫瘍である。

「医者から、足を切っても義足を着ければスポーツはできると言われていたので、それほど悲観的にはなりませんでした。僕の軸足は左足なので、右足を切っても左で踏ん張れれば大丈夫だと思っていました」

しかし、いざ義足を着けてみると、サッカーをやるどころか走るだけでも相当に難しいことがわかった。そこで佐藤は、焼津《やいづ》中央高校に進学すると、サッカーをやるための準備段階のつもりで陸上部に入部する。

「日常用の義足は足首が固定されているのでドスドス地面を突く感じで走れませんが、競技用の義足はバネのように弾む感じなので、今度は左右のバランスが違ってしまって、最初は腰を痛めてしまいました」

ちなみに、佐藤が初めて使った義足は「今仙《いません》（＝今仙技術研究所）」という日本のメーカーの義足だったが、世界的にはドイツの「オットーボック」とアイスランドの「オズール」というメーカーが二大勢力だという。モノづくり大国日本の製品が、義足に関してはこの二社の後塵《こうじん》を拝しているというのも意外なことである。

価格は競技用が約八〇万。一足一足がオーダーメイドなので、シリコンのライナーだけで一〇万円もする。日常用には保険が使えるが、競技用には使えない。

「（焼津中央は）特に強豪校でもなかったので、他の部員たちと楽しくやっていましたけれど、最初、義足で走るのは嫌でしたね。自分が障がい者と呼ばれる存在になったのも嫌でした。競技用の義足って変わった形をしているので、ワーッあれなに？　みたいに見られることになかなか慣れませんでした」

転機は高校二年のときにやってきた。地元静岡で開催された障がい者のスポーツ大会で、同郷の先輩である山本篤に会ったのだ。前述のとおり山本も片足義足の陸上選手である。

「篤さんに会ったのは北京パラの翌年でしたが、義足で真剣に走ってる人に、このとき、初めて会ったのです。素直にかっこいいと思いましたね。僕はそれまで義足を隠しがちだったのですが、篤さんに会ったことで、いい意味で諦めることができたと思います」

何を諦めたのだろうか。

「もう、足は生《は》えてこないんだって」

この出会いが引き金になったのか、佐藤は翌年、高校三年にして二〇〇m走の日本記録を樹立。パラリンピックへの出場を目標に据えて、陸上の強豪校である中京大学へ進学することになるのである。

ロンドンパラで見たもの

中京大学豊田キャンパスは、トヨタ自動車の本社から車で三〇分ほど走った小高い丘の上にある。植栽が美しく整えられたキャンパス内には、最新の体育館と中部地区最大級のフィットネスプラザ（ジム）、そしてアイスアリーナがふたつもある。

中京大学と聞いてフィギュアスケートの安藤美姫《みき》を思い出す人も多いと思うが、平昌オリンピックで銀メダルを獲得したフィギュアスケートの宇野昌磨《しょうま》（トヨタ自動車）も中京大学の学生である。

この日佐藤は、仕事を一四時で切り上げて母校である中京大学のフィットネスプラザで筋力トレーニングをし、その後軽いランニングメニューをこなすというので、同行させてもらうことにしたのである。

小雨が降っていたこともあり、八〇〇平米あるフィットネスプラザは、軽快な音楽に合わせて筋トレに励む約八〇人もの運動部員で犇《ひし》めき合っていた。ひときわ目を引く〝筋肉集団〟は、聞けばアメフト部の選手だという。肩から太ももが生えているような体格の学生たちのなかに交ざると、佐藤はいかにもスリムに見える。

まずはエアロバイクで体を温め、入念な柔軟体操を行なうと、ウエイトトレーニングを始めた。Vの字を横にした形の板バネがついた義足を装着している。佐藤がバーベルをつかんで腰の高さまで引き上げると、Vの字がぎゅっと圧縮される。「断端にすべての荷重がかかる」という佐藤の言葉の意味がわかる。垂直方向に荷重をかければ、切断した骨が断端の皮膚を内側から真下に押すことになり、皮膚が骨とソケットのあいだにはさまれる。見ているだけで痛そうだ。

約二時間のトレーニングを終えてトラックに現れた佐藤は、今度は長いJの字形をした義足を着けている。Vの字形を着けているときに比べると、ぴょんぴょん跳ねている感じだ。

中京大学時代、佐藤は毎年のように自己ベストを更新して、一年生のときに一二秒六二だったタイムを四年間で一一秒八五まで短縮。三年生のとき、念願だったロンドンパラリンピックへの出場を果たしている。

「パラに出ることを目標に大学に入ったので、夢がかなった瞬間でした。めちゃくちゃ嬉しかったですね。ロンドンパラが開催された二〇一二年には、まだ二〇二〇年の東京パラが決まっていなかったので、国内のパラの大会は身内しか観に来ない寂しいものでしたが、ロンドンパラは観客が大勢いて本当に驚きました」

ロンドンパラを経験したことで、意識に大きな変化が起きたと佐藤は言う。

「ブリティッシュ・アスレティクスという、日本で言えば陸上競技連盟に該当する組織があるのですが、その組織のロゴマークを見たとき、僕は感動してしまったんです。ブリティッシュ・アスレティクスのロゴには一四人のアスリートの姿が描かれており、そのなかに義足と車いすのアスリートが入っているのです。当時の日本では、およそ考えられないことでした」

日本でも東京パラの開催が決まってから、パラスポーツへの関心が急速に高まっている。いまや、障がい者がスポーツをやることに対して違和感をもつ人は少ないだろう。しかし佐藤は、乗り越えるべき壁がまだまだたくさんあると言う。

「イギリスでは、ブリティッシュ・アスレティクスが主催する大会のほとんどすべてで、パラの選手が何らかのプログラムに参加するようになっています。二〇一七年にロンドンで世界大会があって、イギリスのある地方のスポーツクラブに行く機会があったのですが、そこでは腕のない人がコーチをやっていました。こういうことがイギリスでは当たり前のことなのです」

佐藤はリオパラリンピックの一〇〇mで自己ベストを更新し、それが日本新記録とアジア新記録になった（一一秒七七）。四〇〇mリレーでは山本篤、芦田創らと出場して、銅メダルを獲得している。しかしその後は、思うように記録が伸びていない。これまで日本国内では敵なしの佐藤だったが、二〇一八年一〇月に開催されたアジアパラでは、新鋭の井谷《いたに》俊介に敗れ、アジア記録を塗り変えられてしまった（一一秒七〇）。T64の世界記録は一〇秒六一。東京でメダルに絡むためには、一〇秒台で走ることが必要になるだろう。

小雨が上がって晴れ間がのぞいた中京大学のトラックを、佐藤はスピードに緩急をつけながら走り続けている。義足を着けて走る佐藤の姿を追いかけていたカメラマンの尾関裕士がぽつりと言った。

「あまり表情を変えない人ですね」

それは私も、うっすらと感じていたことだった。

義足がメガネになる日

新橋から乗り込んだ「ゆりかもめ」が新豊洲駅に到着する直前、左方向に目をやると、銀色をした巨大なビニールハウスのような施設が目に入る。「新豊洲Brilliaランニングスタジアム」。六〇メートルの全天候型直線トラック六コースに義足開発ラボを備えたこの施設で佐藤の競技用義足の調整が行なわれるというので、その様子を取材に行った。

佐藤の義足を手がけているのは、このランニングスタジアムのラボに入っている「Xiborg（サイボーグ）」である。Xiborgは二〇一四年にソニーコンピュータサイエンス研究所研究員の遠藤謙が為末大《ためすえだい》らとともに設立したベンチャー企業だ。競技用義足だけでなく、ロボット義足や途上国向けの低価格義足の開発なども行なっている。

もともとロボットの研究者だった遠藤が骨肉腫で片足を失った親しい後輩のために義足の開発に取り組み始めたことは、テレビで報道されたこともあって私も知っていた。二〇一七年、片足義足一〇〇m走の全米王者ジャリッド・ウォレスがXiborgと契約を結んだことも話題を呼んだ。先述のとおり、義足の世界はオズールとオットーボックという欧州メーカーの寡占《かせん》状態にあり、世界的なランナーが日本のベンチャー企業と契約を結ぶのは異例のことと言っていい。

競技用義足は、大まかに言うと断端を包み込むソケットとJの字形をした板バネ、そしてソケットと板バネを接合する金属部品からできている。遠藤とともに佐藤の義足開発を担っている義肢装具士の沖野敦郎《あつお》（オキノスポーツ義肢装具代表）が言う。

「Xiborgはよく〝義足メーカー〟として紹介されますけれど、競技用義足の場合、Xiborgがつくっているのは板バネの部分だけなので、正確に言えばXiborgは義足の部品メーカーです。ソケットをつくり、板バネとソケットを接合して一本の義足に組み立てるのは、僕らのような義肢装具士なんです」

佐藤は長く歩くと痛みが出るからなるべく歩きたくないと言っていたが、全力で走るとなると、断端にかかる負荷は歩くときの何倍にもなるはずだ。痛くないのだろうか。

「硬い地面に膝立ちすると痛いでしょう。義足の人って常にそういう状態にあるわけで、それを痛くないようにしてあげるのが義肢装具士の腕の見せどころなんです。人間の足って、骨の太さも筋肉のつき方もひとりひとり違うから、いくら3Dスキャナーで外形を正確にスキャニングしても、痛くならない義足はつくれません。いい感じで締めつけて、いい感じで逃がしてやる必要があるわけですが、選手と対話しながら微調整を繰り返して、痛くない義足をつくり上げていくんです。競技用義足の場合、日常用の義足よりもフィットするストライクゾーンが狭いので、義肢装具士に求められるものも非常にシビアになります」

沖野は、フィットしている義足は軽く感じ、フィットしていない義足は重く感じると言うのだが、フィットしているかどうかは極めて感覚的な世界だ。

「僕は工学部出身だから、最初はきちんと数値で出したいと思ったのですが、ちょっときついとか、少し当たりを丸くしてほしいとか、そういう言葉は数値にできないんですよ。圭太とは彼が高校生のころからの付き合いだけど、彼はウォームアップすると少し足が太くなるんです。だから、ちょっとゆる目にソケットをつくらなくちゃいけない。ほとんど職人技の世界ですね」

佐藤は、義足がフィットしていないと断端に荷重がかかっているように感じるが、フィットしているときはつま先に荷重がかかっているように感じると言う。つまり、無い足があるように感じられるということなのだ。裏返して言えば、足が無いことを忘れさせてくれる義足こそ、ベストな義足ということになるだろう。果たして、足が無いことを忘れてしまうとは、どのような状況なのだろう。Xiborgの遠藤が言う。

「僕はよくメガネを引き合いに出すのですが、メガネって、冷静に考えるとすごく変なものですよね。だって、顔の真ん中に装置をくっつけているんですよ。おかしいでしょう」

たしかにそう言われてみればそうだ。この世にはおしゃれなメガネもあるし、わざわざ伊達《だて》メガネをかける人すらいる。

「そこがメガネのすごいところですよね。現代では、メガネをかけている人を視覚障がい者だなんて考える人はいませんが、ひと昔前はいわゆる〝ビン底メガネ〟をかけている同級生がいると、『博士』なんてあだ名をつけて、からかったりしたものですよね。しかし、メガネはテクノロジーとデザイン性を進化させることによって、そうした心のバリアを取り去ってしまったんです。これはすごいことだと思います」

つまり遠藤は、〝義足のメガネ化〟を目指しているということかもしれない。それが実現されれば、足が無いことを忘れさせてくれるだけなく、「その義足おしゃれだね」などという会話が自然に交わされる世の中になるのかもしれない。だが、現在の義足はまだ過渡期にある。そして、過渡期であることを象徴する存在が、義足の走り幅跳びジャンパー、マルクス・レームと、義足のランナー、オスカー・ピストリウスだという。

「ふたりとも義足のアスリートでありながら、レームはオリンピックへの参加を認められず、ピストリウスは認められました。では、いったいふたりのどこが違ったのかといえば、レームがオリンピックに出ると金メダルを取ってしまう可能性があり、ピストリウスにはその可能性はほぼなかったということに尽きます。健常者は無意識のうちに義足の人の運動能力は自分たちより劣ると思っており、その認識が脅《おびや》かされない範囲では『義足なのに頑張っているんだから(オリンピックに)出してあげよう』と考える。しかし、義足のアスリートが健常者に勝ってしまった瞬間、義足はズルいとなってしまうのです」

では、義足はズルいのか、ズルくないのか。遠藤は米国のMITに留学していた時代、ピストリウスの走行データを計測する現場に立ち会うという、貴重な経験をしている。遠藤によれば、そのとき集められたデータが示していたのは、義足のランナーと健常者のランナーの走りは〝別物である〟という驚くべき事実であった。

「当時、ドイツの研究者が義足の足首と健常者の足首の動きだけを比較して、義足のランナーと健常者が一緒に競争するのは不公平だという論文を発表していたのですが、言うまでもなく、人間は足首だけでなく全身を使って走ります。たとえば、義足の人は足首がないのでスタ

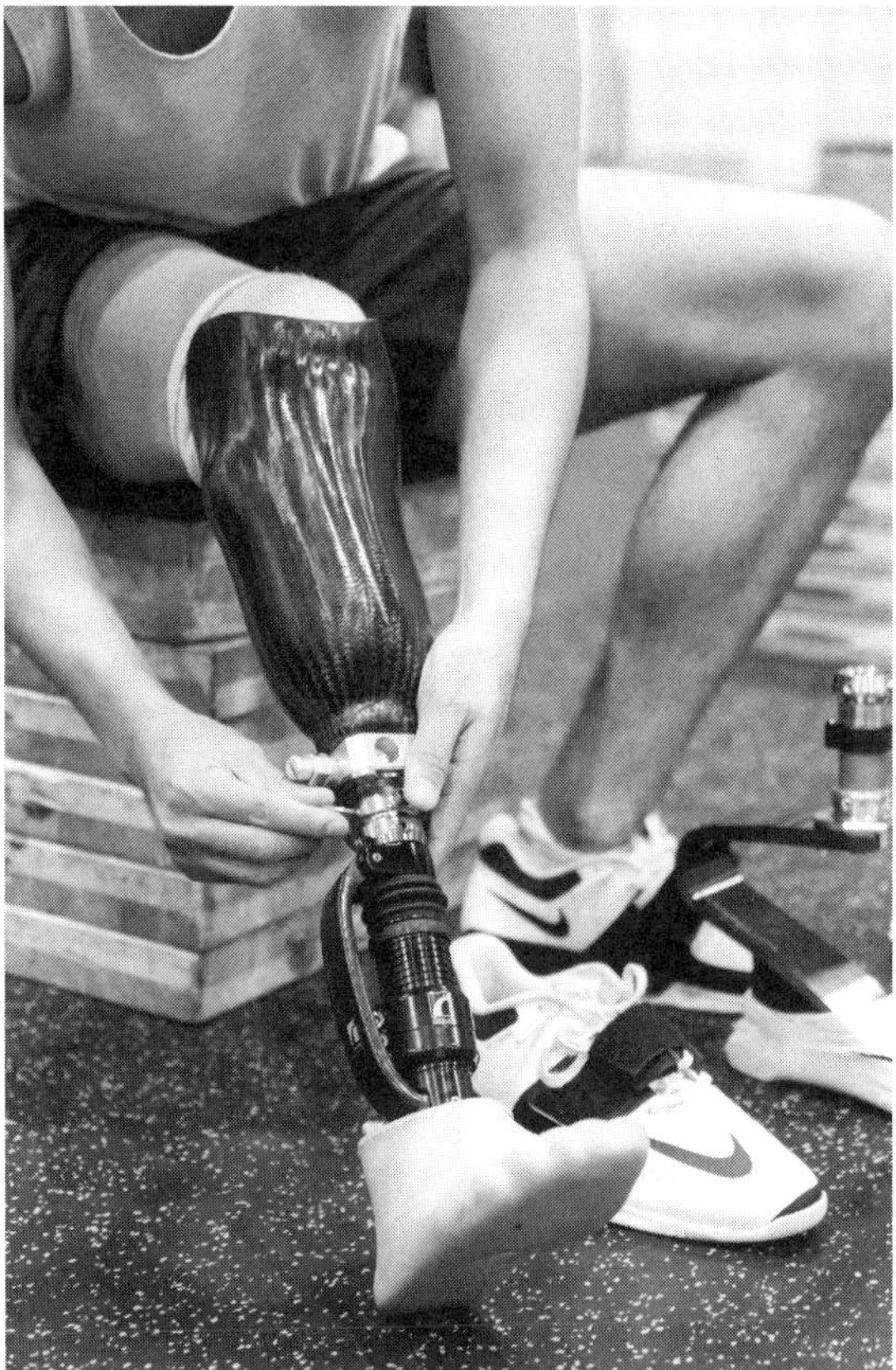

ートでは床反力の上がり方が健常者よりも小さくスタートダッシュが利きませんが、一方で、義足には筋肉がないので義足自体が疲労することはありません。よく四〇〇ｍや八〇〇ｍ走は〃疲労物質との戦い〃と言われますが、義足は疲れないのです。ピストリウスはスタートダッシュが利かないので一〇〇ｍ走は苦手ですが、四〇〇、八〇〇が得意なのはそのせいだと考えられます」

遠藤はこの経験から、義足は「ズルい」のではなく、健足とは「違う」のだという考えに至る。だから、義足アスリートは義足アスリート同士で競技をするほうがフェアだと言う。

「競技の公平性が失われると、競技自体が面白くなくなってしまいます。義足の人と健常者が競うのは、自転車に乗った人と乗っていない人がレースをするようなものであって、僕個人としては別々にレースをしたほうがいいと思います。オリとパラは別物なんですよ」

ただし、レームの存在がすでに証明しているように、義足の選手の記録のほうが高いという現象がすでに起きている。レームは二〇一八年七月に開催されたジャパンパラ陸上に招待されて八ｍ四七㎝を跳び自己のもつ世界記録を更新したが、リオデジャネイロオリンピックの優勝記録はなんと八ｍ三八㎝。レームの記録より九センチも短いのである。義足と健足は別物であるだけでなく、決して義足のほうが劣るわけではないのだ。

「いまよりも義足が進化して、〃義足は速い〃という事実を突きつけられる時代が来ると、われわれがもはやメガネをかけている人の裸眼視力を話題にしないように、足があるか無いかは問題にならない時代がやってきます。別の言い方をすれば、テクノロジーが身体の中に入ってくることによって障がい者と健常者の境界は曖昧《あいまい》になっていき、やがて境界は消滅してしまうと思います」

それが、心のバリアの消滅ということだろうか。

「そのように世の中が変化するときには、必ずトリガーが現れるものですが、義足はそのトリガーのひとつだと僕は考えているのです」

義足がトリガーとなって、障がい者と健常者の境界がゆらぎ、ぼやけ、やがて消えてなくなる……。トヨタ本社で聞いた、佐藤の言葉を思い出した。

「僕はそもそも、自分が障がい者と呼ばれることに違和感があるのですが、義足というテクノロジーが進化していくことによって、いま障がい者として感じていることの多くがクリアされていくのではないかと思います。テクノロジーの進化によって、義足も車いすもメガネと同じようなものだという認識が広まったとき、つまり、どんな人間も特別視したり排除することのない共生社会が実現したとき、僕たちは消えていくべき存在なのではないかと思います」

あなたはそのためのトリガーかもしれないと言ったら、佐藤はどんな表情を浮かべるだろうか。

風を切る

東京パラ出場が内定している鈴木朋樹選手

パラ陸上選手

鈴木朋樹

すずき・ともき

1994年、千葉県生まれ。トヨタ自動車所属。生後8カ月のときに交通事故で脊髄損傷。両足が不自由となるが、小学5年生のときに車いす陸上と出会い、そこから着実に成長を遂げる。2015年、世界パラ陸上選手権に初出場（800m、1500m）。同年、東京マラソン2位。17年、東京マラソン3位。18年、大分国際車いすマラソン2位。マラソンにも出場するが、最も得意とするのは800mと1500mの中距離レース。

カッコいい車いすに乗りたい

JR千葉駅から車に乗って三〇分ほど、千葉市若葉区中田町にOXエンジニアリングという会社がある。社屋の正面には広大な落花生畑が広がり、敷地の左右を鬱蒼《うっそう》とした雑木林に囲まれている。ありていに言って、かなり辺鄙《へんぴ》なところである。

OXは車いす陸上八〇〇m走のアジア記録保持者、鈴木朋樹にレーサーと呼ばれる競技用車いすを提供しているメーカーである。この国内屈指の車いすメーカーがこうした立地を選んだのには、それなりの理由があった。広報室長の川口幸治が言う。

「弊社の創業者、石井重行は、もともとヤマハ発動機の社員でしたが、会社のなかでは自分の思いどおりのことができずに、独立してこの会社を立ち上げたのです」

バイクレースが好きで、バイク雑誌にインプレッション（試乗の感想）を寄稿するジャーナリストでもあった石井は、ヤマハを退職後、ヤマハの販売代理店を経営する傍らチューニング（改造）のための部品づくりを始め、ヤマハのバイクの性能試験も請け負っていた。OXの社屋が辺鄙な場所にあるのは、性能試験で大きな騒音が出ても苦情がこないようにするためだったのである。

自社の部品を売るには、自社の部品を使ったバイクでいい成績を収めるのが早道だ。そう考えた石井は数々のレースに参戦し、雑誌にインプレッションを書きまくった。しかし……。「一九八四年、石井は試乗中に事故を起こして、脊髄を損傷する大怪我を負ってしまったのです」

車いす生活を余儀なくされた石井は、当時の車いすのかっこ悪さに絶望してしまう。バイクのデザインに精通していた石井は、デザイン性をほとんど考慮していない車いすに乗るのが耐えがたかった。だったら、自分が気に入るデザインの車いすを自分でつくってしまえばいい。幸いなことに、石井の周囲にはバイクのチューニングが得意な人間が大勢いた。彼らに声をかけて〝かっこいい車いす〟をつくり始めたのが、車いすメーカーOXの事始めなのである。

器用で何でも乗りこなす子

川口にレーサーの進化をレクチャーしてもらってから、OXの工場の内部に入れてもらった。工場のサイズはいたって小ぶりで町工場のイメージだが、一般の町工場と大きく異なるのは完全なバリアフリーが実現されていることである。やはりバイクの事故が原因で車いす生活になったという川口は、随所に設置された小型の昇降機を使って工場の中を自在に移動していく。顧客の大半が車いすの利用者であることを考えれば、これは当然のことかもしれない。

競技用のレーサーだけを制作している第二製造課で、鈴木のレーサーを手がけている小澤徹課長の話を聞いた。口数の少ない、いかにも職人肌の人物である。

小澤によれば、一台のレーサーは約一週間でつくれるが、東京パラリンピックの影響で注文が殺到し、現在は一年待ちの状態。車いす利用者の母数に大きな変化はないが、レーサーに乗りたいという人や健常者の体験用レーサーの注文が増えたことなどが〝盛況〟の理由だという。

小澤が鈴木に出会ったのは、鈴木がまだ小学生だったころである。小学校低学年から先輩たちの〝お古〟のレーサーに乗っていた鈴木は、二〇〇四年の日産カップ追浜チャンピオンシップに参加してワミレス賞を受賞し、賞品として新品のレーサーを贈られることになった。そのレーサーをつくったのが、小澤だった。

「レーサーは高額だし、子どもはどんどん成長するからすぐにサイズが合わなくなってしまうのでなかなか自分専用のレーサーをもてないのですが、朋樹はワミレス賞をもらって自分専用のレーサーに初めて乗ったんです。レーサーはオーダーメイドなので選手の体を採寸してからつくりますから、このとき初めて朋樹のことを意識したのではないかと思います」

小澤の記憶が微妙なのは、鈴木の師匠であり、一時期OXの社員でもあった車いすマラソンの花岡伸和（アテネパラ六位、ロンドンパラ五位）と一緒にいる鈴木に、それ以前にも会っていた可能性があるからだ。

「なにしろこの世界は、途中でやめちゃう子が多いんですよ。車いすに乗っていると学校に行っても競争をする場面があまりないので、せっかくアジアで活躍しても世界大会なんかに出ていって壁にぶつかると、すぐに挫折しちゃう。でも、朋樹は小さいころから選手として競技に出ていたんで、採寸しながらこの子は続けてやるのかなと思った記憶があります」

現在鈴木は、OXのサポート選手として車いすの提供を受けると同時に、テストドライバーとして新しいレーサーの試乗も行なっている。

「朋樹は器用で何でも乗りこなせるから、『いいですね』としか言わないんです。テストドライバーにはもっと文句を言ってもらったほうがいいんですけどね」

車いすを器用に乗りこなすとは、具体的にはどんなことを指すのだろう。

「たとえばレーサーの場合、ハンドリム（車輪の外側についている手で漕ぐための輪）が高速回転しているときは、リムを握って漕ぐことができません。そこで、グローブでリムを叩くようにして漕ぐわけですが、実はこれが難しいんです。朋樹はどうやって叩いたら車いすを前に押し出せるかを、よくわかっているんです」

二〇センチ以上長いウイング・スパン

千葉市中央区にある青葉の森スポーツプラザの陸上競技場で、鈴木朋樹に会った。鈴木はそもそも八〇〇mと一五〇〇mを得意とする中距離ランナー（T54）であり、二〇一六年に八〇

○ｍでアジア新記録を出し、二〇一七年の世界パラ陸上では八〇〇ｍで五位、一五〇〇ｍで七位という成績を残している。近年はフルマラソンにも挑戦しており、二〇一五年、二〇一八年の東京マラソンで二位、二〇一八年のニューヨークシティマラソンでは日本人最高の六位に入賞している。取材当日はあいにくの空模様だったが、室内のトラックでレーサーを走らせる鈴木の姿を見ることができた。礼儀正しい、穏やかな印象の青年である。

レーサーのタイヤは競技用自転車と同じチューブラータイヤを使っており、幅はわずか二センチほど。フレームはカーボンファイバー製で、全体の重量はわずか九キロしかない。想像していたよりもはるかに繊細な乗り物であり、下り坂での最高速度は実に八〇キロにも達するという。ハンドルさばきをちょっとでも間違えれば、転倒は免れないだろう。鈴木が言う。

「車いすの陸上競技は、健常者の陸上競技よりもむしろツール・ド・フランスのような自転車レースに似ていると思います。前を走る選手の後ろにピタリとつけて風をよけながら、どのタイミングで勝負に出るかを考える。勝負をかけるために、最適なポジションを奪い合う。そうしたひとりひとりの選手の思惑が絡み合って、レースが展開していきます。それがわかってくると、見ていて面白い競技だと思います」

鈴木の上体は文字どおりの逆三角形をしていて胸板も厚い、脚ではなく腕で車輪を漕ぐのだからこれは当然と言えば当然なのだが、鈴木の体には、競技力に直結するある秘密があった。

「僕は身長が一六七センチなのですが、両手を広げた幅が一九〇センチあるんです」

一般的に両手を広げた幅（ウイング・スパン）は、身長とほぼイコールだと言われている。しかし、鈴木のウイング・スパンは、身長よりも二〇センチ以上も長い。つまり、腕が桁外れに長いのである。

「腕が長いと、車輪の一番高い位置から低い位置まで手が届きますよね。その間ずっと車輪に力を加え続けることができるので、強いパワーを出せるんです」

腕が長いだけでなく、鈴木の肩の動きも車いすを漕ぐのに適した動き方をするという。

「最近になってわかってきたのですが、健常者の人の車いすの漕ぎ方と僕の漕ぎ方はぜんぜん違う。僕の体の構造は、車いすを漕ぐために特化していたんですね」

鈴木はいつ、どのようにして、障がいを負ったのだろうか。

特別扱いなき「館山時代」

一九九四年、千葉県館山市に生まれた鈴木は、生後八カ月で交通事故に遭っている。母親の運転する車に同乗しているとき、センターラインを大きくはみ出してきた対向車に正面衝突されたのだ。事故の相手は、飲酒運転をしていた。この事故によって脊髄を損傷した鈴木は、物心ついたときには、すでに車いすに乗っていたという。鈴木が人並み外れて車いすの操作に長けているのは、障がいを負った時期が極めて早かったからに他ならない。

「だから僕には、自分が障がい者であるという意識がないんです。だって、ほとんど生まれたときからこの状態なわけですから」

鈴木が障がい者であるという意識をもたなかったのには、周囲の環境の影響も大きかった。鈴木が育った館山は山が海に迫った地形をしており、豊かな自然に恵まれた土地柄だが、それだけに車いすで生活するのは難しいように思われる。しかし鈴木は、友達と一緒に山に登り、海で泳ぎ、堤防で釣りをしたというのである。

「僕は幼稚園、神戸小、房南中学とずっと普通校に通いましたけれど、幼稚園から中学までクラスメイトがほとんど変わらなかったので、友達とは家族のような付き合いをしていました」

神戸小の同学年はわずか一八人で、全員が幼稚園からの知り合い。房南中の同学年は二五人で、小学校時代より人数は増えたものの少人数であることに変わりはなく、やはり家族同然の付き合いだった。

「田舎なので舗装されていない道路もありましたし、山に登るには、当然坂を上らなくてはならないわけですが、どんな坂道もみんなと一緒に上っていました。友達も、階段があったりすればちょっと手伝ってくれましたけれど、僕だけ特別扱いするということはまったくありませんでした」

波打ち際まで車いすで行き、自力で車いすを降りて海で泳ぎ、幅の狭い堤防にも車いすで入っていってルアー（擬餌針）でヒラメを釣ったというから驚く。

「海に落ちたら、泳げばいいと思っていました。地元の大人の人もみなさん温かくて、学校でも地域でも差別されたことは一度もありませんでした」

両親は、いったいどのように鈴木を育てたのだろう。

「事故のことはあまり詳しく聞いたことがありませんが、やはり両親は責任を感じていたようです。だからこそ、『車いすの子』ではなく、普通の子どもとして、ひとりの人間として育ててくれたのだと思います」

鈴木は中学を卒業すると、木更津総合高校という普通校に進学する。そこでも特別扱いを受けることもなく、差別を受けることもなく、青春を謳歌《おうか》した。

「体育で柔道をやったときには寝技をやりましたし、木更津の山中を何キロも歩く行事にも参加しました。教室の出口でメールアドレスを書いた紙を持って、女の子が待っていてくれたこともありましたよ（笑）」

鈴木は乳児の時代に大怪我を負ったことで、車いすの操作に適した身体を発達させてきた。それが現在、アスリートとしての鈴木の大きな武器になっている。そして鈴木には、障がい者であるという意識がない。

OXの小澤は、鈴木のことを単にアスリートだと思っていると言っていた。

「私はアスリートのためにレーサーをつくっているだけで、福祉とかにはあまり興味がないんです。単に顧客が車いすのユーザーであるというだけのことです」

小澤の言葉はまさに、鈴木の心身とピタリと重なり合う。だが、私にはひとつの疑問があった。小澤は「車いすに乗っていると、学校に行っても競争をするという場面があまりない」と言っていた。しかし現在の鈴木は、世界の強豪に食らいついていく強い競争心をもっている。目標はスイスのマルセル・フグ（ロンドンパラの八〇〇mとマラソンで銀メダル）であると公言し、ロンドンの世界選手権ではマルセルとともに八〇〇m、一五〇〇mの決勝レースを走っている。

さらに、二〇一八年一一月一八日に行なわれた大分国際車いすマラソンでは、マルセルとゴールテープ直前までもつれ込むデッドヒートを繰り広げ、結果は惜しくも第二位だったが、一位のマルセルとの差はわずか一秒であった。

鈴木はいかにして、このような強い闘争心を手に入れたのだろうか。

風を切り〝人に勝つ〟快感

地元館山で友達と分け隔てなく遊んでいた鈴木が、唯一、友達と一緒にできなかったことがある。それは野球やサッカーなどのスポーツだった。鈴木が言う。

「両親は、僕が友達と一緒に海や山に行くのを見て、体を鍛える必要を感じていたのでしょう。横浜のラポール（障がい者スポーツ文化センター）で横浜ラストラーダJrという車いす陸上のクラブが活動していることを探り当てて、そこへ連れていってくれるようになったのです。五歳か六歳のことだと思います」

ラストラーダJrの練習は、月に二回。館山から横浜までは、車で約二時間もかかる。小学校高学年まで通わせ続けた両親の苦労はいかばかりかと思うが、鈴木はラストラーダJrで決定的な経験をすることになった。

「初めて人と競争して、人に勝つ喜びを知ったのです」

鈴木は自分が障がい者であるという意識をもたずに生きてきたが、運動会の徒競走では一度も勝つことができなかった。

「幼稚園のときから、ヨーイドンで他の子と一緒に走り出すと必ず負けてしまうのですが、それを悔しいと思ったことが一度もなかったのです」

おそらく鈴木は、子どもながらに「条件の違い」を感じ取っていたのではあるまいか。そもそも違う条件で走っているのだから、負けても仕方がない。いや、負けるのが当り前なのだと……。

「ところがラストラーダJrで（車いすの子どもだけで）走ったら、僕より前から通っている子のこともどんどん追い抜いてしまって、生まれて初めて人に勝つという気分を味わうことができたのです」

さらに鈴木は、小学校三年生のときもうひとつの決定的な体験をしている。生まれて初めてレーサーに乗ったのである。

「ラストラーダでは先輩たちが乗っていたレーサーを代々受け継いでいるのですが、小三のときにやっと僕の順番が回ってきたのです。そうしたら、日常用の車いすの二倍も三倍もスピードが出るんです。よく『風になる』という表現を耳にすることがありますが、まさにその感覚を味わうことができたのです」

人に勝つ感じ、そして風になる感じ。このふたつの「感じ」を味わったことが「いまにつながっている」と鈴木は言う。そして小学校五年生のとき、鈴木は横須賀で行なわれた大会（日産カップ）で花岡伸和と出会うことになるのである。花岡は車いす陸上の技術だけでなく、アスリートとしての生き方についても、鈴木に大きな影響を与えた人物である。

「初めて花岡さんに会ったとき、ものすごくオーラのある人だと思いました。僕はまだ子どもでしたけれど、きっとこの人とは長く付き合うことになるんだろうなという予感がありました」

まずは靴下をはくことから

JR千葉駅に隣接する商業施設で、花岡に会った。一九七六年に大阪で生まれた花岡は、高校三年生のときにバイクの事故で脊髄を損傷して、車いす生活を余儀なくされている。

オートバイ・レーサーのウェイン・レイニーに憧れていた花岡は、事故を起こした直後、自分の下半身がぐにゃぐにゃして力が入らないのに気づいて、「レイニーと一緒かもしれん」と思ったという。ウェイン・レイニーは花岡が事故を起こすちょうど一年前、レース中に事故を起こして脊髄を損傷し、半身不随になっていたのだ。

「僕はレイニーのことを知っていたので、事故を起こしたときに〝人生終わった感〟はなかったですね。レイニーが脊髄を損傷した後、バギーに乗ってレースに参戦しているのを知っていましたから」

それまで自分の体について真剣に考えたことなど一度もなかった花岡だったが、ベッドの上で脊髄損傷に関する専門書をむさぼるように読んだ。海外の文献には、脊髄を損傷した場合にセックスがどうなるかまで書いてあったという。

「怪我をしてから一カ月ベッドの上にいましたけれど、いろいろな情報を収集した結果、車いすがあって、道路があって、後は体力さえあれば、世界じゅうどこでも行けると思えるようになりました」

積極的に情報収集をしたことによって、花岡は半身不随という状況に絶望せずに済んだのである。さらに……。

「七カ月間入院しているうちに、外来に来ている脊損の先輩たちを見るわけです。そうすると、スポーツをやってる人は姿勢ですぐにわかった。スポーツをやってる人たちはみんな生き生きしているので、僕も自然にスポーツをやるようになっていったのです」

高校時代に柔道をやっていた花岡は、球技がダメで水泳がダメ。さて何をやればよいかと迷っているとき、長居障がい者スポーツセンター（大阪市）で声をかけてきたのが、車いすマラソンのパラリンピアン、山口悟志（ソウルパラ四位、バルセロナパラに出場）だった。

「おい兄ちゃん、若いなって（笑）」

山口と出会ったのは、怪我の治療が終わって、公務員として就職するまでわずか一カ月というタイミングだったが、これからアメリカに武者修行に行くという山口に、花岡は「僕も行きたい」と言ってついていってしまった。まさに、車いすさえあれば世界じゅうどこにでも行けることを、身をもって証明した形だ。

花岡が山口から学んだことはさまざまあるそうだが、最も重要な教えをひと言で表現すれば、こうなる。

「人間力の向上なくして、アスリートとしての向上なし」

この言葉、一見、日本の学校の運動部にありがちな精神主義の一種のように思えるが、花岡の話をよくよく聞いてみると、むしろ精神主義の正反対の考え方であることがわかってくる。

「山口さんは元トラック運転手で義理人情の世界で生きてきた人でしたから、義理を欠くなということを徹底的に叩き込まれました。僕は生活用品を山口さんの仲介で買ってもらったりしていたのですが、そのお礼を言わないまま競技会で顔を合わせたら、山口さんが『ちょっと来いや、お前の態度は義理を欠くんやないか、誰も見てなかったら、お前地面の砂舐めとるぞ』

って（笑）」

山口の薫陶《くんとう》を受けた花岡と鈴木が出会ったのは、鈴木が賞品としてレーサーをもらった、例の日産カップの会場である。当時、花岡は三八歳、すでにアテネパラへの出場経験をもつ車いすマラソンのトップランナーだった。その花岡に、鈴木の母親が声をかけてきたのだ。

「うちの子もこのレースに出るんですが、指導してくれる人がいないんです……」

まだ現役の選手だった花岡は、現役のうちはべったり指導することはできないと母親に伝えたが、その後、月に一、二回のペースで鈴木を指導することになった。

「初めて鈴木に会ったとき、コイツは行けるなと思いました。技術がどうこうではなく、同世代の子たちと比べてチャラチャラしたところがなかったんです。この子だったらきっと真面目にやるだろうなと思いました」

花岡は鈴木に引き合わされたとき、開口一番、

「鈴木君、靴下は自分ではきなさい」

と言った。当時の鈴木は靴下を母親にはかせてもらっていたのだ。

「人間力向上」のためには、まずは自立すること。それにはたとえ靴下一足はくのでも、自分でやらなくてはならない。これが花岡による、記念すべき第一回目の指導の中身であった。

花岡という指導者を得た鈴木は、中2のときに東京で開催されたアジアユースで、四〇〇mと八〇〇mの二種目で優勝する輝かしい成績を収めている。しかし、木更津総合高校時代は通学に一時間以上かかったこともあって陸上部には入らず、土日に花岡と練習をするだけの生活を送った。大会も千葉県ローカルの大会に参加しただけである。

高三になって進路を考える際、小学校時代からモノづくりが好きだった鈴木は、車いすに乗っていることがハンデにならない建築家を目指そうかとも思った。小学校時代にテレビ番組で見て、憧れをもっていたのだ。しかし熟考の末、さし当たりパラリンピックへ出場することを目標に、進路を選択することに決めたという。

「進路を考えているとき、自分に向いていること、やっていて楽しいことを将来の仕事にしたいと思ったのですが、では、いままでの人生で一番楽しかったことは何だろうと記憶をたどってみると、それは横浜のラポールで走ったことだったのです。自分の原点は、横浜で人に勝つ喜びを知ったことにあったのです。だから、花岡さんのようなパラリンピアンになることを目標に据えて、進路を考えることにしました」

だが、ここからが鈴木の面白いところだ。鈴木はパラに出ることを第一目標に据えたにもかかわらず、体育大学や陸上の強豪校への進学は考えなかった。偏差値で大学を選ぶこともしなかった。パラへの出場と学業を両立できる進学先を考えて、城西国際大学の経営情報学部を選択したのである。しかも陸上部には所属せず、花岡にトレーニングのメニューをつくってもらって、大学の近くにある陸上競技場で練習するという方法を選んだ。なぜか。

「偏差値の高い大学に行けば勉強が大変で練習がおろそかになってしまうし、陸上部に入れば練習だけの生活になってしまうと思ったのです。僕の人生の最終目標は、陸上選手になることではありません。陸上はあくまでも自分を成長させてくれるものであり、そのための大舞台がパラリンピックだと考えているのです」

どうやらこうした考え方こそ、花岡が鈴木に伝え続けてきた「人間力向上」の核心らしい。花岡が言う。

「日本人は、ひとつのことだけやっている人を尊敬しがちですよね。スポーツの世界でも野球一筋みたいな人が尊敬されて、何でもかんでも〝道〟にしてしまう。でも、世界で活躍している選手を見ると、多くの人がアスリートとしてのアイデンティティーとは別のアイデンティティーをしっかりともっている。スポーツをやめてもちゃんと自立して生きていけるものをもっているんです」

海外の一流選手の多くは、アスリートとしてのキャリアはあくまでも人生の一部分にすぎないと捉えていると、花岡は言うのだ。だが、私も含めて大方の日本人は、学業とパラの両立ななど聞くと、「二足のわらじ」という言葉を思い浮かべてしまうのではないか。

「僕が鈴木に伝えてきたのは、スポーツ・キャリアのなかに人生があるのではなく、あくまでも人生のなかにスポーツ・キャリアがある、という考え方です。なぜなら、そういう考え方の持ち主のほうがアスリートとして強いからです。スポーツ・キャリアしかもっていない人は、絶対に失敗できない、絶対に勝たなければならないという思いに囚われてしまって、むしろ高いパフォーマンスを発揮できない。たかが競技じゃないか、ぐらいに思っているほうがいいのです。鈴木はスポーツだけではダメだよという僕のメッセージを素直に受け取れる、そういう育ち方をしてきたのだと思います」

現在、日本パラ陸上競技連盟の副理事長という要職にある花岡が、「たかが競技」という言葉を使うのは勇気のいることだと思うが、花岡によればスポーツの語源はラテン語の「デポルターレ」であり、そもそもは「肩の荷を下ろす」という意味だという。本来は肩の荷を下ろすためにやるはずのもので、むしろ多くのアスリートが猛烈なプレッシャーを背負ってしまっている。そうした倒錯したスポーツの在り方が、ドーピングや薬物依存の原因になっていると花岡は指摘するのである。

さて、城西国際大学に進学した鈴木は、三年時にやってくるリオパラリンピックに照準を合わせて、一、二年で四年分の単位をほとんど取得してしまい、三年時は陸上の練習に専念した。だが、リオパラに出場するどころか、代表選考に漏れてしまうというまさかの結果に終わってしまった。

リオパラの陸上競技（八〇〇m、一五〇〇m）には、最終的に世界ランキング六位以内の選手が派遣されたが、代表選考が行なわれた時点で、鈴木の世界ランキングは一三位だったのである。しかし、この話には続きがあって、代表選考終了直後の競技会で、鈴木は八〇〇mのアジア新記録を樹立し、世界ランキングを三位まで押し上げている。鈴木が言う。

「リオに出られなかったのはもちろんショックでしたけれど、自分のピークをどうやって大会に合わせるかという『期分け』の方法に課題があることに気づけたので、今後につながる結果だと思うことができました」

鈴木は賢いのだ。その賢さは、まさに地に足が付いたキャリアをしっかりと構築している、その安定感から生まれてくるものだろう。

これから、東京パラで金メダルというプレッシャーが、狂騒的に高まっていくと思うのだが……。

「そうですね、メダルは自分のセカンドキャリアのためにも大切なものだと思いますし、もちろんプレッシャーも感じています。でも、正直言って、外野は外野だと思っているのです」

鈴木は賢く、そして図太い。

レガシー

ベテランとして力強いプレーを見せる小宮正江選手

ゴールボール選手

小宮正江

こみや・まさえ

1975年、福岡県生まれ。アソウ・ヒューマニーセンター所属。小学生のとき、網膜色素変性症を発症。大学卒業後、一般企業に就職するが、視力低下が進み退職。両目ともに98％の視野が欠損しており、強いコントラストのものしか判別できない。2004年、アテネパラリンピック銅メダル獲得。08年、北京パラリンピック出場。12年、ロンドンパラリンピックで金メダル獲得。16年、リオデジャネイロパラリンピック5位。選手として培った経験を活かし、心と体の健康を育むフィットネス講師としても活躍。

ゴールボールのレジェンド

小宮正江は、ゴールボールの世界で「レジェンド」と呼ばれる存在である。小宮は日本の女子ゴールボールチームが初めて出場した二〇〇四年のアテネパラリンピックで銅メダルを獲得すると、北京、ロンドン、リオと四大会連続でパラリンピックに出場。二〇一二年のロンドンパラではキャプテンを務め、チームを優勝に導いている。まさに、レジェンドと呼ぶにふさわしい経歴の持ち主なのである。しかし、小宮正江の顔と名前を知っている人は、ほとんどいないのではないか。いや、それ以前に、ゴールボールという競技の存在自体を知っている人が、いったい何人いるだろうか。

私自身は、パラスイマーの河合純一（アトランタ、シドニー、アテネの金メダリスト）のコーチだった寺西真人にインタビューをするため、筑波大学附属視覚特別支援学校（東京都文京区）を訪れたとき、偶然、ゴールボールの練習を目にする機会をもった。寺西がゴールボールのコーチも兼任していたからである。

以来、いつかゴールボールの取材をしたいと思っていたのだが、それには理由がある。視覚障がい者のために考案されたスポーツであるゴールボールには、他のパラスポーツとは異なる、ある際立った特徴があるからだ。そしてその特徴は、「共生社会」という言葉の内実を考える上で、とても重要な示唆《しさ》を含んでいると思うからである。

アイシェード

二〇一九年二月三日、「天皇陛下御在位三十年記念 二〇一九ジャパンパラ ゴールボール競技大会」を観戦するため、千葉ポートアリーナに向かった。今回の大会には、アメリカ代表、ブラジル代表、トルコ代表、そして日本代表の四チームが参加している。二〇一八年一二月三一日現在の世界ランキングは、以下のとおり。

ブラジル代表　一位
トルコ代表　二位
日本代表　四位
アメリカ代表　六位

ちなみに三位は中国、五位はカナダである。ＩＢＳＡ（International Blind Sports Federation）に加盟している女子のゴールボールチームは五三カ国あるから、今回の大会は、文字どおり世界のトップレベルが集まる大会だと言っていい。

日本代表は、小宮がキャプテンを務めたロンドンパラの決勝で中国代表を相手に接戦を繰り広げ、一対〇で辛勝。金メダルを獲得したものの（団体競技としては男女合わせて日本のパラ史上初のメダル）、その後のリオパラでは五位と振るわなかった。

今回のジャパンパラは、二〇二〇東京パラのゴールボールの試合が千葉で行なわれることもあって、東京パラの前哨戦《ぜんしょうせん》という色彩が濃い。取材日の二月三日は、一〇時からの三位決定戦の後、約一時間のゴールボール体験会をはさんで、正午過ぎから決勝戦という日程である。

会場に入ってまず目についたのが、協賛企業の数の多さであった。

競技が行なわれる一階のメインアリーナは半分に仕切られており、パーティションの全面がＪＰＳＡ（日本障がい者スポーツ協会）オフィシャルパートナーの社名で埋め尽くされている。入り口でもらったパンフレットもほぼ三分の二が協賛企業のカラー広告であり、全五〇ページのうち、本文はわずか一五ページしかない。パラリンピックの関係者のあいだでささやかれる〝パラバブル〟という言葉が頭をよぎる。

客席にも協賛企業の社員が多いようだったが、大会事務局の公式発表によれば、二月三日の入場者数は一〇八九人、三日間の合計は三八〇七人とのことであった。メインアリーナの収容人数は四三八〇人であり、大会はメインアリーナを半分に仕切って開催されていたから、ほぼ半分の入り、といったところだろうか。

一〇時ちょうど、三位決定戦のブラジル対アメリカの試合が始まる。ゴールボールのコートはバレーボールと同じ一八メートル×九メートルのサイズであり、一チームは六人編成。一度にコートに入れるのは三人だけだ。

両国の選手が縦に連《つら》なって、ゆっくりとした足取りでコートに入場してくる。前の選手の肩に、軽く手を置いている選手が多い。対戦相手の選手と対面する形で横一列に並び、選手をひとりひとり紹介するコールが始まると、雰囲気が一変した。

どの選手も、大きな声を出しながら両手を突き出したり、かけ声とともに片足をドスンと一歩前に踏み出したりするのだ。これがゴールボールの流儀のようだが、彼女たちは浮かれているのでも、ふざけているのでもなく「音を立てている」のだろう。コールされた選手が黙って手を挙げても、それを認識することは彼女たちにはできないのだ。

試合が始まる前、コートに入る選手は全員、アイシェードを着けなくてはならない。これはスキーのゴーグルのような形をした用具であり、目を守ると同時に視覚を封じる役割を果たす。さらに、アイシェードを着ける前にはアイパッチという目全体を覆うパッチ（絆創膏《ばんそうこう》のようなもの）を貼らなくてはならず、こうすることで選手の視覚は完全に封じられる。

また、他のパラスポーツと同じようにゴールボールの選手も、障がいの程度に応じてB1からB3までの三つのクラスに分けられており、おおざっぱな言い方をすると、B1はいわゆる「全盲」であり、全盲のなかには光覚（光を感じられるかどうか）のある人とない人の両方が含まれる。B2とB3は「弱視」であり、B2のほうがB3よりも見えにくい。

このB1からB3までのいずれにも該当しない人は、パラリンピックのゴールボールには参加できない（健常者が参加できる大会もある）のだが、興味深いのはゴールボールという競技はクラス別に競技をするのではない、ということだ。

出場資格を得るためにはクラス分けを受けなければならないが、選手にアイパッチとアイシェードを装着させることによって、いわば、このクラス分けを〝無化〟してしまう。別の言い方をすれば、コートに入る選手全員の視力を均一にしてしまうのだ。

少々理屈っぽいことを言うが、これはいままでに取材してきたパラスポーツにはなかった特徴だ。

パラスポーツは、車いすバスケや車いすテニス、パラ陸上、パラ水泳などのように、健常者スポーツに原型があって、それを障がい者向けにアレンジしたものと、ボッチャのように最初から障がい者のためにつくられたスポーツに大別できる。

ゴールボールは健常者スポーツに原型をもっていないから後者に属することになるが、ボッチャの試合はクラス別に行なわれるのに対し、ゴールボールの試合は全クラスが一緒に行なわれる。障がいの程度によって選手を分けるのではなく、参加者全員が最重度（全盲）に合わせることによって障がいを均一にしてしまうのだ。

その結果、コートの中では完全に平等な状態が実現しており、障がいの軽い・重いは意味をもたないのである。

音と振動がすべて

一〇時ちょうど、ブラジル対アメリカの三位決定戦が始まった。ゴールボールのルールは単純明快だ。バレーボールと同じサイズのコートのエンドラインに、幅九メートル高さ一・三メートルのゴールが設置されており――要するにコートの幅一杯に成人の身長よりもやや低いサッカーゴールのようなものがあると考えればいい――相手方のゴールに球を入れれば得点になる。

ただし、投球する際はゴロで投げるか（グラウンダーという）、自陣の攻撃エリアと中央のニュートラルエリアの両方で一回以上バウンドさせなければ反則になってしまう。つまり、ボールを空中に放り投げてゴールに入れても得点にはならないのだ。ボールが音も振動も発しなければ、捕球のしようがないからだ。

ボールはバスケットボールとほぼ同じサイズの七号球で、非常に硬い素材でできている。重さは一・二五キロとバスケットボールのほぼ二倍。中が空洞になっていて鈴が入っているから、動くと音がする。選手はこの音を頼りにボールの軌道を予測し、ボールの来る方向に体を投げ出して捕球するのである。

プレーが始まるときは、審判が必ず、

「Quiet Please!」

と観客に向けて注意を促す。ゴールボールは音と振動がすべてのスポーツだから、プレー中に声援を送るのはご法度《はっと》なのである。

三位決定戦で興味深かったのは、スローイングのスタイルの違いだ。アメリカ代表はボーリングの投球のようなフォームが主だったが、ブラジル代表は相手に背中を向け、両手でボールを持って股のあいだから投げる。こんなスタイルで正確な投球ができるのかと訝《いぶか》しく思ったが、世界ランキング一位という実績が、それが可能であることを証明している。

試合はアメリカ代表が一点を取ると、ブラジル代表がすぐに追いつく展開で、終わってみれば六対五でブラジルの勝利。ゴールボールの試合は一二分ハーフの合計二四分で行なわれるが、正直なところ、醍醐味も何もわからないうちに終わってしまったという印象であった。

緻密な日本のディフェンス

一二時一〇分、いよいよ日本対トルコの決勝戦が始まった。日本代表チームは、安室早姫《あむろさき》、浦田理恵、欠端《かけはた》瑛子、若杉遥、萩原紀佳《のりか》、小宮正江というメンバーである。最年少の萩原が二〇〇一年生まれ、最年長の小宮は一九七五年生まれである。

この大会ではラジオの貸し出しが行なわれており、試合会場内のブースから放送される実況中継をリアルタイムで聞くことができた。それによれば、トルコにはセブダ・アルトノロクという世界最速のボールを投げる選手がいるとのことだった。セブダは今大会、すでに三〇得点という圧倒的な強さを見せている。緻密《ちみつ》なディフェンスに定評のある日本がセブダの速球を止められるかどうかが、勝負の見どころだという。

日本のスターティングメンバーは、守備の要《かなめ》で司令塔役のセンターに浦田、両ウイングに若手の欠端、ベテランの小宮という布陣である。ちなみに、浦田は小宮と同じ国立福岡視力障害センターの出身であり、同センターであん摩マッサージ師の資格取得を目指しているとき、アテネパラでの小宮の活躍を知ってゴールボールの世界に飛び込んだ選手だ。

試合が始まると、センターの浦田がウイングよりもかなり前に陣取った。三人が横一直線に並ぶのではなく、浦田を頂点に二等辺三角形を描く陣形だ。全員が床に膝をついて、相手の投球に備える。浦田がグローブをはめた手で床をパタパタ叩くのは、何かのサインだろうか。小宮の正面にはセブダがいる。背が高く手足が長い。

セブダは下馬評どおり、強かった。長い腕を大きくテイクバックして、スピードの乗った球を投げてくる。小宮や欠端の投げる球に比べると、スピードだけでなくパワーも上回っているように見える。

投球方法には（ブラジルのように股のあいだから投げる方法は別にして）、テイクバックしてボーリングのように投げる方法と、選手自らが一回転して投げる回転投げの二種類があるが、回転投げの場合は手からボールが離れるまで鈴の音がしにくく、テイクバックして投げる場合はテイクバックの最中も鈴の音が聞こえる。セブダはテイクバックと回転投げの両方を使いこなすことができるという。

ラジオで解説を聞きながらよくよく試合を観察していると、ゴールボールが音をめぐる情報戦であることがわかってくる。攻撃側は、左のウイングが投げる際にわざと右のウイングも足を踏みならしてみたり、投球する選手にもうひとりの選手が寄り添って一緒に助走をし、どちらが投げるかわからないようカムフラージュをしたり、つまり、相手の耳を撹乱《かくらん》しようとする。一方、防御する側は、センターの選手を中心にして、相手がどこから球を投げてくるか、球筋は直球なのかクロスなのかを予測し合って、その都度、ディフェンスの陣形を変えていく。

日本代表のディフェンスは、センターの浦田がかなり前寄りのポジションを取っている。これは、センターがなるべく前の位置にいたほうが、相手の投球コースを狭めることができる(面を殺せる)からだが、浦田が捕球に失敗すると、両ウイングの選手が確実にカバーに入る。コートの中の様子が、見えているようにしか思えない。

試合は三対〇でトルコの勝利に終わったが、攻撃もさることながら、暗闇の中、幅九メートルもあるゴールをたった三人で守るのは容易なことではないのがよくわかった。ラジオの解説によれば、日本のディフェンスは世界一の精度を誇っているとのことであった。

暗闇で相手が見える

後日、センターの浦田理恵に話を聞くことができた。小宮に憧れてゴールボールの世界に入った浦田は、ロンドンパラで副キャプテンを務めて小宮とともに金メダルの獲得に貢献。リオパラは五位に終わったものの、キャプテンの大役を果たした。小宮がレジェンドなら、浦田は日本の女子ゴールボール界の〝不動のセンター〟といったところだ。

観戦して感じた疑問をストレートにぶつけてみることにした。まずは、いったいどのようにして自分の位置と自分が向いている方向を知るのか、ということだ。

浦田が、こちらの目を真っ直ぐに見つめながら、話し始める。

「実は、ゴールボールのコートのラインテープの下にはタコ糸が入っているのです。そのタコ糸を指先で触りながら、自分がゴールからどのくらい離れた位置にいて、どちらを向いているかを常に確認しているのです」

では、相手の選手の位置はどのようにして把握するのだろうか。

「試合の前やタイムアウトの際に、ベンチの情報班が『センターは右下に寝てるよ』とか、『六メートルが手の先だよ』といった情報を与えてくれます。また、試合中の相手の息遣いや足音、選手同士のかけ声なども位置を知るための重要な情報になります。訓練を重ねると、相手の選手がいる位置がほぼわかるようになります」

浦田がこちらの目を真っ直ぐ見詰めているように感じるのも、訓練の賜物《たまもの》なのだという。

「視力障害者センターでは日常生活を送るための自立訓練も受けるのですが、人間の目はだいたい口の上、五、六センチにあるということを教わりました。私は発話者の口の位置がどのくらいの距離にあるのかがわかるので、その位置の五センチ上に視線を合わせれば、ちゃんと相手の目を見て話している形になるのです」

浦田は筆者との距離を一・五メートルと予測したが、ドンピシャリの読みであった。

もうひとつ、相手がボールを投げてくる前に床を叩いたり、選手同士で何かを言い合ったりしているのは、いったい何のためなのだろうか。

「床を叩くのは、味方に自分の位置を知らせるためです。お互いの位置がわからないと接触してしまいますからね。選手同士が声をかけ合っているのは、サーチの結果を伝え合っているのです」

サーチとは、〝耳による情報収集〟とでも訳せばいいだろうか。驚くべきことに、日本代表レベルになると、味方の投げたボールがディフェンスをしている相手の体のどの部分に当たったかが、音でわかるのだそうだ。

「手の指に当たったら『先』、もっと先端に当たったときは『先先』なんて言うのですが、そういうサーチ結果を交換し合って、投球のコースを修正したりディフェンスの位置を修正したりしているのです」

相手のボールがどこから転がってくるかは、数字で表現するという。そしてこの数字を使った表現こそ、日本代表のディフェンスが世界一の精度を誇っている理由なのだ。

「日本チームは幅九メートルあるゴールを一メートルずつ九等分して、向かって左から順に番号を振っています。相手が何番から投げてくるかを三人でサーチして情報共有し、ディフェンスの陣形をその都度修正しているのです。相手が投げてくるときに『六だよ』とか、『六・五から来るよ』とか言い合っているのは、この数字なんです」

〇・五メートル刻みでサーチしているということは、実質的にはゴールの幅を一八等分して相手が投げてくる位置を予測していることになる。しかも、ゴールボールには捕球してから一〇秒以内に返球しなくてはならないというルールがあるから、わずか数秒のうちにサーチをし、その情報を共有して陣形の修正をしているわけだ。

「ゴールボールは音による情報戦なので、音からどれだけのことを読み取れるかが勝負になります。視覚障がいにはB1からB3まで三つのクラスがあって、わずかでも見える弱視の人のほうが、全盲の人よりも技術の習得スピードや修正のスピードが速いと言われています。でも、実際の試合になると、弱視のほうが有利だとも言えないのです。むしろ全盲の人のほうが音の変化に敏感だったり、体の感覚が鋭敏だったりする場合があるからです」

浦田はコートの向こう側にいる相手選手の姿が、「見える」と言った。

「音でつくられた、イメージ画像という感じでしょうか。実際私たちは、アイシェードの中で目を開いて、相手の姿を見ているんです」

ゴールボールの選手たちは、聴覚や触覚を鍛え、研《と》ぎ澄ますことによって相手の姿を見ることができる。完全な暗闇の中では、晴眼者と視覚障がい者の〃視力〃は逆転するのだ。

「見えないことは、私にとってずっとマイナスでした。でも、ゴールボールのコートの中ではマイナスではありません。小宮さんはゴールボールを通して、私自身の可能性に気づかせてくれた人なんです」

二〇歳のとき急激に視力を失った浦田は、そのことを両親にすら打ち明けることができず、一年半ものあいだ、ひとり暮らしの部屋に引きこもっていたという。

やはり小宮にも、そんな時期があったのだろうか。小宮は、視覚障がいをどのようにして乗り越えたのだろうか。小宮の暮らす福岡で、じっくりと話を聞くことにした。

通勤ラッシュ

三月七日、朝八時。福岡の中心街を走る地下鉄空港線姪浜《めいのはま》駅に現れた小宮正江は、ゴールボールのコートの中にいるときよりも、はるかに長身に見えた。

「一六七センチか一六八センチなんですけど、最近ちょっと縮んだかも」

こう言ってお茶目な笑顔を見せる小宮の目が見えない（B1＝全盲）ことは、白杖を持っていなければ、通勤客のほとんどが気づかないのではないだろうか。

小宮は姪浜駅の近くで、ひとり暮らしをしている。丸一日、密着取材をさせてもらう旨《むね》を伝えると、大きく頷《うなず》くなり大股で歩き出した。脚が長いせいもあるのだろうが、歩くスピードが速い。大げさでなく、メモを取りながら追いつくのは大変だ。

小宮は白杖を昆虫の触覚のように左右に動かしながら、スタスタと歩いていく。階段に差しかかると、一段ごとに白杖の先端を当てながら、まったくためらうことなく上がり切った。おそらく、階段の段数が頭に入っているのではないか。

「いえ、段数は覚えていませんし数えてもいません。ブラインドの人のなかには使う駅ごとに階段の段数を記憶している人がいますけれど、私は感覚派なんです」

階段を上がり切ると、ホームの乗車位置に立った。やがて電車が到着する。すでに座席はいっぱいだったが、まだそれほど混雑はしていない。やはり小宮はなんの躊躇《ちゆうちよ》もなく乗車口を入っていくと、少し奥へ入ったところでドアのほうに向き直った。つり革にも手摺《てすり》にもつかまらない。席を譲ろうとする人も手摺に誘導する人もいなかったが、それは福岡の人が薄情だからではなく、小宮がブラインドであることに気づかない人が多いからだろう。

西新《にしじん》駅のあたりから車内は徐々に混み始め、赤坂駅で東京の通勤ラッシュと変わらない満員の状態になった。小宮が勤めるアソウ・ヒューマニーセンターは、赤坂駅の隣の天神駅近くに

3·4

ある。天神はオフィスビルが密集する福岡の中心地であり、さて、この混雑で降りられるのかと思ったが、やはり小宮は人の流れに乗ってごく自然に降りていき、ごく自然に階段を上がっていく。階段のある場所を記憶しているのだろうか。

「階段が近づいてくるのは、周りの人の足音でわかるんです。曲がり角は、まあ、だいたいこの辺かなと（笑）」

まさに感覚派らしい答えである。地下道のいくつかのコーナーも難なくクリアすると、地下道が直結しているエレベーターホールにたどり着き、一四階にある会社の受付まで誰の手も借りず、何のトラブルもなく到着した。

少々肩透かしの展開に、むしろ自分が〝障がい者らしい通勤風景〟を期待していたことに気づかされた。

地域でアスリートを支える仕組み

アソウ・ヒューマニーセンターは、福岡市中央区に拠点を置く人材派遣会社である。小宮は同社のなかの「障害者スポーツ選手雇用センター　シーズアスリート」に所属する社員であり、現役引退後も社員として働くことを前提として同社に雇用されている。

東京パラリンピックを目前にして企業に雇用されるパラアスリートが増えているが、これまで取材したパラアスリートの多くが「アスリート雇用」と呼ばれる契約関係を結んでいた。アスリート雇用とは、文字どおり「アスリートとして雇用している／されている」という雇用形態であり、したがってアスリートとしての寿命が尽きてしまえば、それまでの雇用関係の見直しを余儀なくされる可能性がある。

現在、パラスポーツの関係者の多くが〝パラバブル〟という言葉を使うが、少なくとも東京パラリンピックが閉幕するまでは、パラアスリートの存在は世間の耳目《じもく》を集め続けることが予想される。パラアスリートを雇用していることは企業イメージの向上につながるだろう。

では、東京パラ後はどうなるのだろうか。パラスポーツが世間から現在ほど注目されなくなったとき、パラアスリートを雇用し続けることは企業にとってどのようなメリットがあるだろうか。選手生命が尽きてしまったパラアスリートは、実務経験の乏《とぼ》しいひとりの障がい者にすぎないのだ。

こう考えたとき、シーズアスリートが実践している、パラアスリートの現役引退後のセカンドキャリアを見据えた雇用のあり方は重要な意味を帯《お》びてくる。なぜ小宮は、このような雇用形態を選択することが可能だったのか。それを知るには、シーズアスリートという組織の生い立ちまで遡《さかのぼ》る必要があるだろう。

小宮の上司に当たるシーズアスリート・リーダー、工藤力也に話を聞いた。工藤によれば、シーズアスリート誕生のきっかけをつくったのは、なんと小宮自身であるという。

「小宮は二〇〇四年のアテネパラに出場するまで、ある大手企業に勤めていました。しかし、四年後の北京パラを目指すに当たって、練習時間と遠征費用の確保という課題を抱えていたのです。このふたつを確保しようと思ったら、正社員としてフルタイムで働くのは難しい。さりとて、いわゆるアスリート雇用では将来が不安です。企業のＣＳＲ（社会貢献事業）は景気の変動に影響されやすいですから。小宮はこうした課題を解決できる勤め先を探すために、人材派遣会社であるアソウ・ヒューマニーセンターに登録をしにきたのです」

これが、小宮とシーズアスリートの母体であるアソウ・ヒューマニーセンターとの出会いである。アテネパラの銅メダリストである小宮の来社を知ったアソウ・ヒューマニーセンター社長の中島彰彦は、後日、小宮と直接面談をする場を設けた。そして、世界レベルで活躍する多くのパラアスリートが小宮と同じような課題を抱えていることを知った。

「小宮の話を聞いた弊社の中島には、人材派遣業者としての特段の思いもあったと聞きました」

人材派遣会社はクライアント企業に対して、極力、即戦力となる人材を送り込もうとする。それがクライアントのニーズに応えることであり、翻《ひるがえ》って自社の評価を高めることにもなるからだ。しかし、そうした事業のあり方は、巡り巡って社会的弱者の就労を圧迫しているのではないか……。

そんな思いがあったからこそ、中島は小宮の抱える課題を解決できないかと考えたというのである。

では、小宮が所属しているシーズアスリートとは、いったいどのような仕組みを備えた組織なのだろうか。

「シーズアスリートは、景気の波によってパラアスリートへの支援が影響を受けないように、一社ではなく複数の企業によってアスリートを支える仕組みをもっています。また、アスリートも単に支援を受けるだけでなく、引退後のセカンドキャリアを見据えて、各自の得意な仕事分野で会員企業にサービスを提供すると同時に、講演やコンサルティング活動によって自らも稼いでいるのです」

工藤の解説によれば、シーズアスリートには現在、特別会員五社と法人会員九七社、それに個人会員が約三五〇人いる。

法人会員は、年会費三六万円をシーズアスリートに納める代わりに会報誌の送付と各種イベントへの招待を受け、同時にシーズアスリート所属のパラアスリートによる講演会を年に一回無料で開催できる権利をもち、社員の福利厚生のためにマッサージのサービスを利用することも可能だ。マッサージのサービスは専ら、マッサージ師の国家資格をもっているブラインドの選手が担当している。「シーズアスリート支援企業」であることを、企業PRで謳《うた》うこともOKだ。

一方の特別会員は、自社でパラアスリートを雇用して、その選手をシーズアスリートに出向させるというかたちをとり、これとは別に年会費六〇万円を納める。シーズアスリートから受けるサービスは法人会員とほぼ同じだが、アスリートの人件費の負担もするという意味で、より大きな支援をする会員企業であると言ってもいいだろう。

個人会員の年間費は一口一万円で、会報誌の送付とイベントへの招待の他に、マッサージの無料チケット二枚の提供を受ける。有料の場合は回数無制限で、一般的な料金の半額ほどで施術を受けられるという特典がつく。工藤が言う。

「現在、会員企業様と個人会員様の年会費、そして年間に一〇〇回を超える講演会の収入によって、シーズアスリートに所属するアスリートの人件費、交通費、遠征費を賄《まかな》っています。ほぼ一〇社の会員企業様でひとりのアスリートを支えてくださっているイメージでしょうか」

アソウ・ヒューマニーセンターの社員である小宮は講演を行なうだけでなく、「CCフィットネス」の講師の仕事もこなしている。CCフィットネスとはチャレンジド・アソウ（障がい者の就労支援をしている系列企業）の受講者に向けた心と体を鍛えるカリキュラムであり、小宮はゴールボールのトレーニングで培った知識と経験を、座学と実技で受講者に教えている。

現在、シーズアスリートに所属するパラアスリート一一名の内訳は、ゴールボールが三名（浦田理恵もそのひとり）、車いす陸上が三名、ブラインドマラソンが一名、車いすテニスが一名、パラパワーリフティングが一名、視覚障害者柔道が一名で合計一一名……かと思ったら、一名足りない。なんと、リーダーの工藤力也は元ゴールボールの日本代表選手であり、現在はゴールボール日本代表男子の強化指導スタッフを務めているという。

「実は私も一九歳のときにレーベル病という目の病気（視野の中心部分が欠損してしまう）を発症して、視力が〇・〇二しかないのです。病気のせいで大学を中退し、一時期は自暴自棄になって家に引きこもっていましたが、福岡視力障害者センターでゴールボールに出会い、小宮たちと一緒にプレーをするようになって、引きこもりの状態から抜け出すことができたのです」

工藤は二〇〇七年にシーズアスリートに入ってアスリートとして活躍し、日本代表のコーチを務めながら、並行して小宮と浦田の指導も行なっているという。

「私が入社した二〇〇七年当時は赤字だったようですが、二〇一二年のロンドンパラでゴールボールの女子が金メダルを取ってから、講演の依頼が急に増えて収支が改善しました。大手企業は一社でアスリートを雇用できますが、福岡は中小企業が多いので一社ではなかなか難しい。そこで、社長の中島は複数の会社が共同でアスリートを支える仕組みを編み出したという側面もあります」

現在の講演会の収入は、年間で約一〇〇〇万円に達するという。シーズアスリートの選手たちが一年間に使う競技関連の費用は約一七〇〇万円だから、その半分以上を自力で稼ぎ出していることになる。

シーズアスリートに所属する一一名のアスリート（工藤を含む）のうち四名が福岡の出身であ

り、残り七名のうち四名が九州の出身である。シーズアスリートが誕生してからすでに一四年が経つが、地元出身の選手を支援するという意味合いと、一社ではなく共同で支えるという仕組みが、サステナブルな支援のありようを生み出していると言っていいだろう。こうした「仕組み」を東京パラが終わった後にひとつでも多く残していくことこそ、レガシーという言葉の内実であるべきではないだろうか。

不得意な講演にも挑戦

八時三〇分。地下鉄空港線の天神駅から無事アソウ・ヒューマニーセンターに到着した小宮は、オフィスのデスクへと向かった。右隣には浦田理恵がおり、浦田の正面には車いすテニスの川野将太（クアードクラス。ロンドンパラ・ダブルスで四位）が座っている。小宮と浦田は会員企業への活動報告書の作成などの業務をパソコンでこなし、川野は会報誌の企画から構成までを担当しているという。健常者のスタッフはふたり。シーズアスリートの島は、笑いが絶えない明るい雰囲気である。

小宮が使っているのは、視覚障がい者用の音声パソコンだ。入力は通常のパソコン同様キーボードで行なうが、画面がエクセルと同じようにセル状に区切られており、各セルの位置を「1-A」というように、行と列で表現できるようになっている。そして、ひとつのセルにカーソルを合わせると、そこに入力されている文字が音声で読み上げられる。

また、キーボードで「うんどう」と入力して、それを「運動」と漢字に変換したい場合は、現在表示されている漢字をパソコンが読んでくれるので、変換したい漢字が出てくるまで変換キーを押し続ければいい。「はこぶのうん」「うごくのどう」とパソコンが読んだところでエンターキーを押せば、「運動」と変換される。

小宮はイヤホンで音声を聞きながら入力をしている。同じイヤホンで音声を聞かせてもらうと、パソコンが文字を読み上げるスピードは猛烈な速さである。そして、小宮のキーボード入力のスピードも速い。

「私は、まだ視力が若干残っている状態で音声パソコンの練習を始めたので、画面をイメージしやすいのだと思います。でも、ソフトがバージョンアップするとイメージするのが大変なんですよ。スマホも、早口ですが画面を読んでくれるアプリがあるので使えるんですよ」

そう言って小宮がスマホの真っ黒な画面をタップすると、たしかに早口だが、タップした部分を読み上げる音声が聞こえた。

一一時半から、小宮が近隣の専門学校の卒業式に招かれて講演するというので、会場の都久《つく》志《し》会館（福岡市中央区・天神）へ移動した。小宮の講演は式次第のトリである。演題は「人生の壁はジャンプ台」。堂々とした態度で舞台に上がった小宮は、病気で視野が徐々に狭くなっていく状況をどのように乗り越えたかを、ユーモアを交えながら語っていく。

「中学校で歴史を勉強するとき、すでに視野が狭くなっていたので、自分でものすごく細長い歴史年表をつくって勉強しました。私は『できなくなってしまった』ではなくて、『どうやればできるか』を常に考えてきたのです。高校生のときは目が悪いと人に言えなくて引きこもりがちでしたけれど、大学では自分を変えようと思って、ボランティアサークルに入りました。障がいのある人がどうやって生きているのかを知りたかったのです。車いすに乗った肢体不自由の子どもたちが、『ばんざーい』と言いながら笑顔で歓迎してくれました。障がいがあっても笑顔で生きられることを、子どもたちが教えてくれたのです」

白眉《はくび》は卒業生のひとりを舞台に上げ、アイシェードを装着させてのゴールボール体験だった。鈴の入ったボールを投げるふりをするフェイントで、男子学生を舞台に転がしてみせた。小宮の講演は笑いあり涙あり実演ありで、いかにも手慣れているように見える。しかし本人は、それほど講演が得意なわけではないという。

「私はひとりでは生きることができません。いつも誰かを頼らなければならないし、いつも誰かに助けてもらっています。人から何かを求められ、人の役に立っていることを実感できる機会はなかなかないんです。だから、講演は決して得意ではないのですが、挑戦したいと思ってやっているのです」

まさに、演題どおりの人生を小宮は歩んでいるのだ。

仕事のコミュニケーションが競技に活きる

四時半、小宮はトータルワークアウト福岡というジムで、トレーニングに入った。このジムは担当のトレーナーがついてマンツーマンでトレーニングを行なうシステムなので、目が不自由なことはまったく障がいにならない様子である。現在の小宮は、講演活動やCCフィットネスの講師といった仕事をこなしつつ、ゴールボールの練習時間も十分にとれているようだ。

「ゴールボールの練習は、週に二、三回、仕事が終わった後にやることが多いですね。土日はほぼ練習会や合宿で埋まっています。トータルワークアウトは週に二回。週一回はPT（理学療法士）さんのところに通い、ヨガもやっています」

小宮は仕事とアスリートとしての活動を両立させながら、充実した日々を送っている。そして、仕事で学ぶことがゴールボールにもフィードバックされているという。

「ゴールボールはチーム競技なので、選手同士のコミュニケーションがとても重要です。私は仕事を通して、自分のことをうまく相手に伝えて人に助けを求めることの大切さや、快《こころよ》く引き受けてもらう方法を日々学んでいます。これは、そのままゴールボールでのコミュニケーションに活きてくるのです。仕事と競技は、相互にいい影響を与え合っていると思います」

小宮の日常は、アスリートとしても障がい者としても理想的に思える。また、シーズアスリート誕生のきっかけを小宮自身がつくったように、小宮は自分の力で人生を切り開いていく力も強い。障がいをもったことがむしろジャンプ台になったという側面もあるのだろうが、なぜ小宮はこれほど明朗に、そしてアグレッシブに生きられるのか。小宮の親に会いたくなった。

家族の「愛」

取材を申し込むと、父親が取材を快諾してくれた。父親が待ち合わせ場所に指定したのは、姪浜駅に近いロイヤルホストである。福岡はロイヤルホスト発祥の地であり、洋食レストランの一号店は福岡の天神でオープンしている。

広い店内の隅に陣取って待っていると、ハンチングをかぶったにこやかな表情の人物がドアを開けて入ってきた。名刺を渡して対座しても、笑顔は変わらない。父親の名前は小宮信行、一九四〇年生まれである。小宮に対して、障がいのことをどう伝えてきたのかを聞きたかった。

「私が正江に強く言ったのは、とにかく大学は行ったほうがいいということと、友達をつくれと、そのふたつだけですね。後は自分自身のことですから」

「正江さんの障がいのことを知ったときは、どんなことを考えましたか」

「いやー、そういう話だったら女房を連れてくればよかったですね」

信行は困った困ったと言いながら、表情は笑顔のままである。

「正江の病気がわかったのは、小学校二年生の健康診断のときですね。親は近眼程度に思っていたのですが、眼科の先生から九大病院に行って家族全員で検査を受けたほうがいいと言われたんです」

九大病院で検査を受けると、次女の正江だけでなく、長男も将来目が見えなくなる可能性があることを指摘された。そして実際、小宮の兄は、大学を卒業するころから徐々に光を失っている。三人の子どものうちのふたりがブラインドになると宣告されたとき、親はどのような気持ちになるのだろう。

「そりゃあ、ショックでしたよ。だけど、誰のせいでもないし、そんなに落ち込むことはなかったですね。目がだんだん悪くなるのはわかっていましたけれど、長男も正江もあまり親には言わなかったし、深刻にふさぎ込むこともなかったですね」

浦田のように大人になってから急激に視力が落ちたケースとは違い、子どものころから徐々に視力が落ちていったため、時間をかけて対処できたという事情もあるのだろう。それにしても、信行のあっけらかんとした言葉には驚かされる。

「中学生のときはバレーボールをやりよったですが、試合を見に行ったらアタックを空振りするんです。運動神経のなか子やなーと思いましたが、ありゃ見えとらんかったんですね」

無関心というわけではないが、信行は自分の仕事に熱心なあまり小宮が世界レベルで戦っていることすらよく知らなかったらしい。

「二〇〇三年ですかね、正江が海外遠征から帰ってきたので空港に迎えに行ったら、江黒先生（江黒直樹・当時の日本代表ヘッドコーチ）がパラリンピックに出られることになったからアテネに行くっておっしゃるんで、えーっ、アテネですかってびっくりしましたね」


小宮が世界のトップアスリートの一角を占める一方で、同じくブラインドの長男は東京工業大学を卒業して一流企業に総合職として入社し、結婚をして子どももうけているという。しかも、こうした進路について親に一切相談することもなく、すべてを自分で決め、自分で実現に漕ぎつけてしまったそうである。信行の話を聞いていて感じるのは、家族ひとりひとりが恐ろしく自立していることだ。

「正江は自分で仕事をしていくという気持ちがものすごく強いですが、女房も正江が三歳のときから定年まで働きましたから。シーズアスリートに入って、自分の口は自分でしよるんで、これが一番安心だし、よかったなと思っています」


信行自身、七〇歳を過ぎた現在も、過去の経験を活かしてコンサルタントとして働いている。

「親が一所懸命に働くのを見ていれば、子どもも一所懸命に働くということじゃなかですか」


障がいについては？

「障がいは障がいとして別段……心配したってね。正江は自分のことを自分でしきるんですよ。最近、親が年をとったら部屋の掃除をしてくれなくなるからって、掃除サービスの業者を自分で手配したそうです」

姪浜駅にひとりで現れた小宮の姿が頭をよぎった。

信行の突き抜けた明るさに気圧《けお》されるようだったが、では、小宮は両親のことをどう思っているのだろうか。

「親に目が悪くなっていることを言わなかったのは、心配させたくないという気持ちもあったからです。介助が必要な状態であることを打ち明けたのは、大学卒業のころでした。それ以来、私がお願いしたことはすべて淡々とやってくれるので、もう、愛ですね、両親からは愛しか感じません」

私はゴールボールの取材を通して、共生という言葉の意味を掘り下げたいと思っていた。アイシエードの装着によって参加者全員の視力をゼロにしてしまうゴールボールでは、障がいの有無や程度にかかわらず、誰もが対等で平等な状態が実現している。

では、アイシエードを外して一歩コートの外に出たとき、誰もが対等で平等な社会を実現するための要件とはいったい何だろうか。世の中の全員がアイシエードを着けられない以上、障がいを無化しようとすれば、医学的に視力を回復させるか、機械的な力によって視力を補う以外に方法はないが、それは障害学でいうメディカルモデルに他ならないだろう。

私は信行のように、障がいを物理的になくそうとするのではなく、むしろ障がいを障がいとしてありのままに認め、障がい者ができないことだけを淡々と手助けする姿勢のなかに、共生社会を実現するためのヒントを見た気がした。

少々気障《きざ》な言い方になるが、相手のありのままの姿をありのままに認めることを、愛というのかもしれない。

◉インタビュー
マセソン美季（IPC教育委員）

パラリンピックはアイデアの宝庫

長野パラリンピックでは金メダルを3個獲得した

IPC教育委員

マセソン美季

ませそん・みき

1973年生まれ。大学1年時に交通事故で車いす生活に。98年長野パラリンピックのアイススレッジ・スピードレースで金メダル3個、銀メダル1個を獲得。カナダのアイススレッジホッケー選手と結婚し、カナダ在住。2016年から日本財団パラリンピックサポートセンター勤務。国際パラリンピック委員会（IPC）・国際オリンピック委員会（IOC）の教育委員を務める。

本書は月刊『Voice』誌に二年間、二三回にわたって連載した『パラアスリートの肖像』を一冊にまとめたものである。

連載で取り上げたパラアスリートは合計一一人（残念ながら本書に収録できなかった回もある）。取材を通してパラアスリート、そしてパラリンピックへの理解をそれなりに深めてきたつもりではあるが、正直に言って、筆者の考えは取材対象者の言動によって右へ左へと大きくぶれた。

それは、パラリンピックの主人公であるパラアスリート、そして彼らを支える人々の、障がいやパラリンピックに対する認識や思いが、必ずしも一様ではないことの裏返しでもあるだろう。

そこで本書の最後に、長野パラリンピックの金メダリスト（アイススレッジ・スピードレース）であるマセソン美季さんにご登場いただき、二年間の取材を通して筆者が感じてきたこと、疑問に思ったことをぶつけさせていただくことにした。マセソンさんとの対話を通して、筆者の考えを少しでも深められればと思っている。

マセソン美季さんは現在、自宅のあるカナダと日本を往復しながら、日本財団パラリンピックサポートセンター推進戦略部プロジェクトマネージャーとして、パラリンピック教育の推進、特に学校教員への「パラリンピック教育推進に向けた研修」の実施に尽力されている。同研修で使用する国際パラリンピック委員会公認の教材『I'm POSSIBLE（アイムポッシブル）』の編集では中心的な役割を果たし、現在、中高生版の第三版を編集中とのことである。

共生社会はモザイクアート

――まずは、現在のマセソンさんの活動についてお伺いしたいと思います。教員向けのパラリンピック教育研修に力を注いでおられるとのことですが、手応えはいかがでしょう。

マセソン　これまでに、五〇〇〇名（二〇一九年九月現在八〇〇〇名）を超える先生方に研修を受けていただきました。パラリンピック教育の意義がわかり、大会に興味をもった、共生社会について考えるきっかけになったなど、ご好評をいただいています。

――パラリンピック教育と聞いて、まず頭に浮かぶのがパラアスリートを招いた講演会や体験会です。

マセソン　ゲスト講師を招くやり方だと、調整や予算も必要です。私たちの場合は、無償で提供する教材を使って、先生方ご自身が、ご自分の言葉でパラリンピックについて教えられるよう学んでいただいています。「出前授業」にはインパクトはありますが、一発の打ち上げ花火で終わってしまいがちです。私たちには、パラリンピックを通して学んだ共生社会への気づきを生活に結びつけて考えてほしいという思いがあり、それをお伝えすることを研修の第一の目的に据えています。

――連載を通してパラリンピックとは何かということを考えてきましたが、パラリンピックは障がい者差別の撤廃や、社会参加の推進に貢献するという視点はあっても、「パラリンピックと生活を結びつけて考える」という視点はもっていませんでした。

マセソン　国際パラリンピック委員会が掲げているパラリンピック競技大会開催の究極の目的は、パラリンピックムーブメントを通じてインクルーシブな社会を創出することです。たんなるスポーツの祭典ではなく、大会の開催によって社会に変革を起こしていこう、より多くの人たちが住みやすい社会をつくるキッカケにしようという考え方が根底にあります。まずはそこから先生方に説明して、大会と共生社会がどう結びつくのかをしっかり理解していただきます。

――具体的な〝結びつけ方〟が重要なのだと思いますが、その前に、マセソンさんが描いている共生社会のイメージを伺いたいと思います。東京パラリンピックも共生社会の実現を目標に掲げていますが、私の印象では、情緒的に「みんな同じ人間だ」といった言葉を口にする人が多いように思います。独特だったのはブラインドスイマーの河合純一さんで（『Ｖｏｉｃｅ』二〇一八年一月号・二月号）、「ミックスジュースではなくフルーツポンチ」という表現で共生社会のイメージを語ってくださいました。溶かして混ぜ合わせるのではなく、異なるものが異なるまま一緒に存在するというイメージでしょうか。

マセソン　私はたとえて言うならば、「モザイクアート」だと思っています。細かなタイルで壁画を描いたりする、あれです。個々にそれぞれ色の違うタイルが集まることによって、一枚の絵になる。たんに異なる色のタイルがバラバラに存在しているだけでは絵になりませんが、それぞれがうまく相互に関係し合い、コントラストを生み出すことによってさまざまなデザインができあがります。一歩進んで、お互いのいい部分を引き出し合うことができれば、「あぁ、素晴らしい！」というアートが完成する。そんな姿が共生社会ではないかと私は考えています。

――うまく組み合わされることによってコントラストがつき、より深みのある社会がつくられるというイメージでしょうか。対して日本社会は、均質性の高い社会だと言われますね。コントラストが薄い感じがします。

マセソン　いまの日本社会にも、すでに多様なタイルは存在しています。でも、そのタイルがお互いを活かし合えているかといえば、まだ足りないように感じます。良い社会をつくり上げるために大切なのは、お互いの能力を知り活かし合うこと。たとえば私はカナダで生活していますが、現地で就職活動をした際、障がいに関する質問はされず、能力ベースで判断してもらえたのが印象的でした。日本ではまだ「障がい」に注目されてしまうことも多いので、能力や可能性を活かせる環境や、公平性を担保する仕組みがしっかりとできあがったらいいのにと思います。

公平に玉入れをする方法

──共生社会が「モザイクアート」のようなものだとして、では、パラリンピックと共生社会の実現は、いったいどのように結びついていくのでしょうか。

マセソン　私たちがつくった教材、『I'm POSSIBLE』のお話をするのがわかりやすいと思います。たとえば教材のなかには、「一年一組と一年二組が運動会で玉入れをしますが、一組には車いすの生徒がひとりいます。一組と二組が楽しく公平に玉入れをするにはどうしたらいいでしょう」といった設問があります。どうお考えになりますか？

──うーん、どうしますかね。考えてみると、結構、難しいですね。

マセソン　相当、頭が固くなっていらっしゃる（笑）。小学生に車いすの基本情報を提供した上で出題すると、「自分が拾った玉は必ずほかの子に渡さなくてはならないというルールをつくる」とか「いろんな高さのバスケットを用意する」なんていうアイデアがポンポン出てきます。「みんなで楽しめる方法」と言うと、さまざまな視点の意見が飛び出してくるのです。

──で、答えは何ですか？

マセソン　大人はすぐに「答えは何ですか」と聞くんです（笑）。でも、答えは決してひとつではありません。ルールができあがったところで子どもたちに、「一組ではこういうルールを決めたけれど、二組のみんなはズルいって言わないかな」と聞いてみます。自分たちで決めたルールは勝手に相手に課せるものではなくて、そのルールにかかわる全員が納得していることが大切だよねなどと、さらに白熱した議論が続きます。

――そうしたアイデア出しが、パラリンピックとどうつながるのですか。

マセソン　実はパラリンピックは、こうしたアイデアの宝庫なんです。よく「パラリンピックは共生社会の縮図」と言われますが、障がいがある選手が、より公平に競うことができる工夫が随所《ずいしょ》にちりばめられているのです。

――たしかに車いすバスケを取材したときには、それを感じました。障がいの重さ別に一・〇から四・五までのポイントをつけ、コートに入っている五人の選手のポイントを常に一四ポイント以下にしなければならないというルールは、本当に素晴らしい知恵だと思いました。

マセソン　そのルールがあることで、障がいの重いローポインター（ポイントが低い選手）が排除されることなく、チーム全員がそれぞれの強みを活かし合ってプレーできるかどうかが勝敗を大きく左右するようになります。公平の素晴らしさだけでなく、世の中の不公平に気づいたり、不公平の解決にもパラリンピックの例が役に立ちます。パラリンピックは、アイデアの宝庫なのです。

――「パラリンピックはアイデアの宝庫」という見方は、まったくしていませんでした。

マセソン　たとえば、こんな話も子どもたちにします。公平な社会を実現するためには、モノ

サシを変える方法もあるよねって。

――モノサシですか？

マセソン　たとえば、障がいがあって、みんなと同じように一〇〇メートルを走るのが難しい子がいるとします。見学すればいいと言う人もいれば、その子がかわいそうだから走らせたとしても順位をつけるのをやめようと言う人もいます。そこで発想を変えて、一番先にゴールした人ではなく、申告したタイムに「ぴったり」だった人が一番というルールはどうかと提案してみるのです。そうすれば参加したみんなが楽しめるし、性別や年齢、障がいのあるなしは関係なくなりますよね。

――パラリンピックから得た発想を、今度は身近に適用する方法を考えていくわけですね。

インクルーシブマインド

マセソン　私はパラリンピック教育を通して、「インクルーシブな考え方」という種をまいています。その種が子どものたちのなかで芽を出し、木になり、やがて大きな森になって果実をつける過程で、社会も変わっていくでしょう。子どもたちの成長を支え、見守る大人の存在も大切です。

――少なくとも、芽を摘んでしまうような大人にはなりたくないですね。

マセソン　そういう意味で、子どもだけでなく、インクルーシブな考え方に賛同する大人たちを増やしていくことも大切なことだと思います。

――インクルーシブなマインドをもった子どもたちが成長してつくり上げる社会とは、いったいどんな社会なのでしょう。

マセソン　インクルーシブな考え方とは、世の中には多様な人が存在して、しかも工夫をすれば誰もが活躍できるようになるということが最初から頭にある、ということだと私は思います。そうした考えの持ち主がつくるモノは、当然、多様な人の存在を前提としている。成人男性だけでなく、女性も子どもも、お年寄りも障がいのある人も、外国人もそれを使うことを前提としている。モノだけでなく、サービスや法律も多様な人の存在を前提としてつくられるようになるので、誰も排除されない社会になるでしょう。

――東京パラリンピックを目前にして、バリアフリー化が盛んに進められていますね。

マセソン　便利になったこともある反面、バリアフリーとは名ばかりの、むしろ不便なものも増えてしまっています。

――たとえば？

マセソン　たとえばあるコンビニの例ですが、入り口に段差があるので、これまで車いすでは入店できませんでした。最近、段差にスロープをつけてバリアフリー化しましたというので見に行ってみたのです。すると、たしかにスロープはついていましたが、自動ドアはタッチセンサー式でした。（スロープの上で）車いすのハンドリムから片手を離してタッチするのは至難の業《わざ》です。他にも、一見バリアフリーに見えて実は不便なものを街中で目にします。

――インクルーシブなマインドの持ち主なら、最初からユニバーサルデザインを内包したモノやサービスをつくれるということですね。

マセソン　私はカナダに住んでいるので、カナダにあるインクルーシブな施設を見学させてほしいという日本人の方をご案内する機会があります。仰々《ぎょうぎょう》しいスロープや点字ブロックなどが目につかないので、みなさん異口同音に「障がい者にどんな配慮《はいりょ》をしましたか」という質問をなさる。施設の人が、「私たちは障がい者だけをターゲットにしているわけではありません。誰もが使える施設を考えた結果こうなったのです」と返事をすると、ほとんどの方が失望の色を浮かべます。でも、実は見えない工夫が随所にちりばめられているので、それを説明すれば「なるほど！」と共感なさいます。機能的、かつ利便性の高いデザインを提供できるのはインクルーシブな考え方をもった人だと私は思っています。たとえば、水族館を思い描いてみてください。人気のある水槽の前には人だかりができてしまい、後ろにいる背の低い子どもや、車いすの人や、杖をついた高齢者の人は水槽を見ることができません。そこで後日、水族館は車いすの人に配慮してスロープを設置し、子どもや高齢者は一番前で見られるように優先のスペースをつくりました。

――まさに、バリアフリー化ですね。

マセソン　特別悪い対応ではありませんが、私が伝えたいのは、最初から三六〇度どこからでも見られる水槽があったり、透明な床で足元にも魚が泳いでいたりするようなデザインだったら、こうしたバリアフリー化は必要なかったのではないかということです。

――そもそもの発想がインクルーシブならば、わざわざバリアフリー化をする必要はないということですね。

マセソン　すべてのモノやサービスがそういった考え方でつくられることが当たり前になれば、みんなにとって居心地の良い社会ができあがると思うのです。環境が整えば、誰も排除されないし、誰かを特別に配慮する必要もなくなる。それこそインクルーシブな社会だと私は考えています。

普通のことを普通に

――いま、「誰かを特別に配慮する必要もない」とおっしゃいましたが、連載を通して常に私の念頭にあったのは、むしろ「障がい者であるパラアスリートに、どのような配慮をすればばいいのか」ということでした。特に脳性麻痺や知的障がいの方にはどう接していいかがわからず、正直言って取材が辛い場面もありました。

マセソン　自覚はなくても、大きな偏見《へんけん》に邪魔されていたのかもしれませんね。

――そうかもしれません。

マセソン　残念ながら、日本では街中で障がいのある人に出会う機会がとても少ないので慣れていない。だから、ぎこちない対応になるのではないかと考えることがあります。

――障がい者は「合理的な配慮」をしてもらえないから、外に出たくないのではないのですか？

マセソン　私の場合は、他人の手を煩《わずら》わせてしまったり、他人の時間を奪ってしまったり、悪いことをしているわけではないのになぜか迷惑をかけているような感覚にさせられる場面を経験すると、外出するのが億劫《おっくう》になります。

――どんなときにそれを感じますか。

マセソン　たとえば、バスに乗るときです。運転手さんがわざわざバスを降りてきてスロープを出してくれるわけですが、どうしても「車いすの人が乗車するから他の客を待たせている」という構図になってしまいます。特別な対応をすることと合理的な配慮は、違うと思うのです。人の手を借りず、人目も気にせずすんなりと移動できたら、申し訳ないとか恥ずかしいという気持ちになることもないでしょう。

――つまり、マセソンさんがお考えになるインクルーシブな社会とは、障がい者に特別な対応をしなくても、障がいのある人が自分のことを自分でできる仕組みがある社会なのですね。それが「合理的な配慮」の本来の意味なのかもしれません。

一般の障がい者の日常が変わる

——二〇二〇年の東京パラリンピックに、何を期待しますか。

マセソン　パラリンピックでは、出場するパラアスリートが注目を浴びることになると思います。それは当然のことですが、私は東京パラリンピックが開催された結果として、日本に住んでいる一般の、つまりアスリートではない障がいのある人たちの日常生活に変化が起きればいいと思っています。大会があったから街が便利になったよねとか、街の人たちの態度が自然になったよねというふうに、障がいのある人たちが身近な場所で変化を感じ取れるようになれば、大会は成功だと思います。日本人が外国の選手や観光客を手厚くもてなすだろうことは想像できます。でも、外国人だ、日本人だ、障がい者だと分けて考えるのではなく、「みんな」の何かが変わる大会になってほしい。そう私は願っています。

——ありがとうございました。

取材後記

最後に、連載を通して筆者が感じてきたことをいくつか記しておきたい。

『Voice』誌の連載ではパラアスリートのスポーツ選手としての側面よりも、むしろひとりの障がい者としての側面を多く取材し誌面の多くを割いてきたが、そうした取材を重ねながらいつも頭にあったのは、これはたんなる「のぞき見」ではないかという疑念だった。

不幸にして障がいを負ってしまった人の苦しみ、家族の苦悩、支える人々の苦闘。そうした他者の苦しみを取材して文章にすることによって、自分自身の幸福を確認する。俗に「人の不幸は蜜《みつ》の味」と言うが、自分のやっていることはそんな卑《いや》しい行為ではないのかと……。

たしかに、『Voice』誌の連載にはそのような側面があり、しかも障がい者のプライバシーにより踏み込んだ記事のほうが、読み物として面白かったというのも事実だと思う。それを、のぞき見だと指弾《しだん》されたら返す言葉がない。

しかし、私はこうも感じていた。

個人差のあることだとは思うが、私は障がい者と向き合うと、障がい自体に目を奪われてしまう傾向が強い。義足の人と対面すれば、まずは義足に意識が向いてしまうし、片腕が短い人にインタビューをしていて「街中でじろじろ見られたくない」という言葉を聞くと、むしろ、その腕を見たいという欲求を抑えることができなくなってしまう。障がいのある部位を、ことさら意識してしまうのである。

その段階では、取材を受けてくださった方は、私にとって「義足の人」であり「片腕が短い人」である。もし、「彼は韓国人だから」「彼女は中国人だから」というように、属性によって個を語ることが差別の本体だとすれば、取材対象を「義足の人」「車いすの人」「白杖をついた人」などと属性で認識していた私は、まぎれもなく差別的な人間だったに違いない。

しかし、義足は痛いのか、夜寝るときは外すのかといった興味関心のレベルから始まって、さらに個人史へ、パラリンピックにかける思いへと踏み込んでインタビューをしていくうちに、「義足の人」は固有の名前と顔をもった「〇〇さん」に変わっていき、義足が徐々に背景へと後退していくのを感じた。これは、連載を終えての実感である。

おそらく、障がいをことさら意識することなく、ごく自然に障がい者と向き合えてしまう取材者もいるのだと思う。私のように、ことさら障がいを意識してしまう人間の言動によって不愉快な思いをされたパラアスリートの方がおられたとしたら、この場を借りてお詫びを申し上げたいと思う。

その一方で私には、生い立ちから、もっている障がいの特徴、家族や支援者の思いまで熟知しているパラアスリートが何人もできたという思いがある。彼ら／彼女らは、いまや私にとって「障がい者」ではなく、それぞれに名前と顔をもったパラアスリートだ。

私はたくさんのパラアスリートと出会い、そのプライバシーに触れることによって、私自身の差別的な心のありようを知り、それをほんのわずかかもしれないが、削り落とすことができたように感じている。

こうした取材方法がはたして正当なものなのかどうか、大方の批判を仰ぎたいところだが、少なくとも私は、私が出会ったパラアスリートたちが東京パラリンピックという大舞台で活躍することを楽しみにしているし、心から声援を送りたいと思っている。

二年前には、想像もできなかったことである。

山田清機

初出一覧（『Voice』掲載号）

11歳の右腕へ……二〇一七年九月号・一〇月号
プロフェッショナル……二〇一九年三月号・四月号
ローポインター……二〇一八年八月号・九月号
理由のないルールって嫌い……二〇一七年一一月号・一二月号
ジレンマを生きる……二〇一八年六月号・七月号
チーム道下……二〇一八年一〇月号・一一月号
トリガー……二〇一八年一二月号
風を切る……二〇一九年一月号
レガシー……二〇一九年五月号・六月号
インタビュー　マセソン美季「パラリンピックはアイデアの宝庫」……二〇一九年七月号

●著者略歴

山田清機（やまだ・せいき）

1963年、富山県生まれ。1987年、早稲田大学政治経済学部卒業。鉄鋼メーカー、出版社勤務を経て独立。著書に『卵でピカソを買った男』（実業之日本社）、『青春支援企業』（プレジデント社）、『東京タクシードライバー』『東京湾岸畸人伝』（ともに朝日新聞出版）など。

パラアスリート

2019年12月11日　第1版第1刷発行

著　者　山田清機
発行者　後藤淳一
発行所　株式会社ＰＨＰ研究所

東京本部　〒135-8137　江東区豊洲5-6-52
第二制作部ビジネス課　☎03-3520-9619（編集）
普及部　☎03-3520-9630（販売）
京都本部　〒601-8411　京都市南区西九条北ノ内町11

PHP INTERFACE　https://www.php.co.jp/

組　版　朝日メディアインターナショナル株式会社
印刷所　株式会社精興社
製本所　東京美術紙工協業組合

ISBN978-4-569-84564-7